Tim Brandt –
Sebastian Th. Franssen

Ausschreibung

Tim Brandt –
Sebastian Th. Franssen

Ausschreibung

BIRKHÄUSER
BASEL

Inhalt

Architekturqualität zeichnet sich nicht nur durch gute und kreative Entwürfe aus, sie muss sich auch in der gebauten Realität widerspiegeln. Somit ist in der Architektur Qualität von der ersten Skizze an über die Entwurfs- und Ausführungsplanung bis hin zu gebauten Konstruktionen und Oberflächen ein durchgängiges Ziel. Das Bindeglied zwischen Planung und Ausführung stellt die Ausschreibung dar, die die Anforderungen an das Objekt definiert. Anhand der Ausschreibung arbeiten sich ausführende Unternehmen in die Bauaufgabe ein und können anschließend ein Angebot für die Ausführung der formulierten Leistungen abgeben, welches Grundlage für den Bauvertrag und die Bauausführung ist. Somit leistet die Ausschreibung als Schlusspunkt der entwurflichen Ausarbeitung vor der Bauausführung einen wichtigen Beitrag zur Planung. Sie sollte deshalb mit gleicher Bestimmtheit und Konzepttreue wie eine Entwurfs- oder Ausführungsplanung durchgeführt werden.

Da Studenten und Berufsanfänger meist noch über wenig Berufspraxis verfügen, sind strukturell aufbereitete und praxisnahe Informationen zu den Arten der Ausschreibung, zum Ablauf und zur Beschreibung einzelner Leistungen notwendig, um sich bei den ersten Ausschreibungen zurechtzufinden. Der vorliegende Band setzt in diesem frühen Wissensstadium an und erarbeitet mit Hilfe von leicht verständlichen Einführungen und Erklärungen schrittweise die Inhalte des Themenbereichs.

Zunächst wird erklärt, wie Bauleistungen ausgeschrieben werden, und grundlegende Prinzipien der Ausschreibung werden erläutert. Ein wichtiger und praxisnaher Schwerpunkt ist die Organisation der Ausschreibungen eines Bauvorhabens; dabei werden die Arten der Vergabe, die Festlegung von Vergabeeinheiten, die Zeitplanung und nicht zuletzt der Ausschreibungsstil erläutert. Die Möglichkeiten, die auszuführenden Arbeiten zu beschreiben, reichen von rein funktionaler bis zu detaillierter Beschreibung, wie aufgezeigt wird. Der Leser erfährt, welche Bestandteile zu einer Ausschreibung gehören, wozu diese dienen und wie sie im Einzelnen zusammenzustellen sind. Dies wird unterstützt durch Praxistipps, Beispiele und einfache übersichtliche Zusammenstellungen, die bei der Erstellung einer Ausschreibung helfen. Der Band *Ausschreibung* aus der Reihe „Basics" vermittelt alle elementaren Hintergründe und Zusammenhänge, um einen fundierten und praxisnahen Einstieg in das Arbeitsfeld der Ausschreibungen zu ermöglichen.

Bert Bielefeld, Herausgeber

Einleitung

Spätestens mit Abschluss der Genehmigungsplanung und der Erteilung der Baugenehmigung muss der Planer (Architekt, Bauingenieur, Fachingenieur) eine neue Zielgruppe ansprechen. Lag im bisherigen Planungsprozess der Fokus auf der Kommunikation mit dem Bauherrn und den Behörden, muss der Planer sich nun intensiv den ausführenden Firmen (Handwerker, Bauunternehmen, Fachfirmen) zuwenden.

Von der Planung zur Ausführung

Alle für die Realisierung relevanten Informationen werden der Baufirma im Rahmen einer Ausschreibung zur Verfügung gestellt. Sie werden z. B. in Form von Beschreibungen der auszuführenden Arbeiten bzw. Leistungen oder als Zeichnungen zur Ausführung aufbereitet. Die Ausschreibung muss alle Informationen umfassen, die es der ausführenden Firma ermöglicht, die geforderten Leistungen nachzuvollziehen und ein Angebot für die Ausführung und gegebenenfalls auch für die Planung dieser Arbeiten abzugeben.

Inhalt der Ausschreibung

> O **Hinweis:** Die Ausschreibung wird Bestandteil eines Vertrages, den der Bauherr mit der ausführenden Baufirma schließt. Fehler und Versäumnisse in der Ausschreibung können dem Planer angelastet werden.

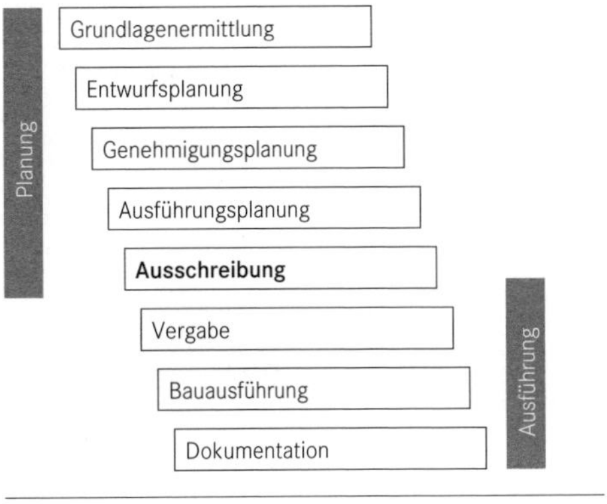

Abb. 1: Planungsphasen

Ziel der Ausschreibung ist es, möglichst viele qualifizierte Angebote einzuholen, um eine breite Marktübersicht zu erhalten. Die Ausschreibung wird vom Planer zusammengestellt und an geeignete Bauunternehmen verschickt. Das Bauunternehmen kalkuliert die Preise und gibt ein verbindliches Angebot ab, welches vom Planer geprüft und mit anderen Angeboten verglichen wird. Dieser Vergleich, beispielsweise in Form eines Preisspiegels, ermöglicht es dem Bauherrn, den für ihn günstigsten Anbieter mit der Ausführung der Arbeiten zu beauftragen.

ANFORDERUNGSKRITERIEN DER AUSSCHREIBUNG

Die Ausschreibung sammelt alle Anforderungen, die während der Planungsphase aufgetreten sind. Die Anforderungen werden im Wesentlichen durch den Bauherrn bestimmt, ergeben sich z. B. aber auch aus rechtlichen oder technischen Rahmenbedingungen. Sie lassen sich nach folgenden Kriterien kategorisieren: > Abb. 2

— Kosten
— Termine
— Funktion
— Umfang
— Qualitäten

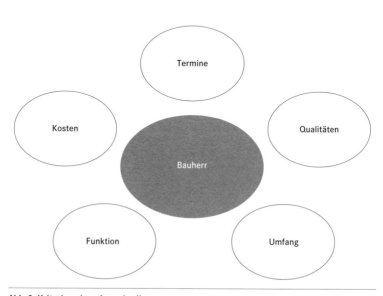

Abb. 2: Kriterien einer Ausschreibung

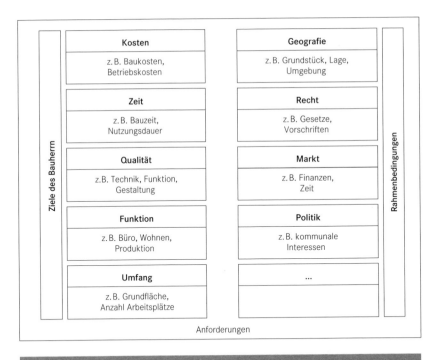

Abb. 3: Definition von Anforderungen

Anhand dieser Kriterien werden die Ausführung der Bauleistungen sowie die noch zu erbringenden Planungsleistungen festgelegt. > Abb. 3

Kosten

In den meisten Fällen sind die Kosten das ausschlaggebende Krite- Kostenrahmen
rium für oder gegen eine Ausführungsvariante oder sogar für oder gegen die Baumaßnahme an sich. Der Planer hat die Pflicht, das Geld des Bauherrn in dessen Sinne für die Bauaufgabe zu verwenden. Er verfügt in der Regel über ein vorgegebenes Budget, welches er auf alle im Zuge der Baumaßnahme anfallenden Kosten verteilen muss. Hieraus ergeben sich Einzelbudgets für die verschiedenen Leistungspakete oder auch Vergabeeinheiten. > Kap. Organisation der Ausschreibung, Festlegung von Vergabeeinheiten

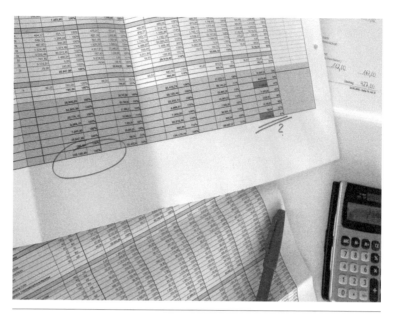

Abb. 4: Preisspiegel als Entscheidungshilfe bei der Auswahl des Unternehmens

Für den Bauherrn ist die Einhaltung des vorgegebenen Budgets oft entscheidend für den gesamten Projekterfolg. Die konkreten Angebote der Bauunternehmen stellen im Planungsprozess die erste Kontrolle der vom Planer ermittelten Kosten anhand von realen Marktpreisen dar.

■ Kostensteuerung   Der Planer hat durch den Überblick über die Einzelbudgets die Möglichkeit, die Kosten zu steuern. Liegt das Angebot für eine Vergabeeinheit über dem ihr zugedachten Budget, muss er bei den folgenden Ein-

■ **Tipp:** Die Angebote, die auf die ersten Ausschreibungen hin eingehen, sind von entscheidender Bedeutung für das Vertrauen des Bauherrn in die Kostenkompetenz des Planers. Wenn schon die ersten Angebote über dem Kostenrahmen liegen, ist es möglich, dass der Bauherr in Sorge um Einhaltung des Gesamtbudgets schon frühzeitig zu drastischen Maßnahmen greift, die die anderen Kriterien betreffen können, z. B. ein deutliches Absenken des Ausführungsstandards.

heiten Budgetkürzungen vornehmen und dies bei den entsprechenden Ausschreibungen berücksichtigen, indem er beispielsweise die Ausführungsqualität vermindert oder den Umfang reduziert. Umgekehrt hat der Planer bei einer Budgetunterschreitung die Chance, z. B. Wünsche des Bauherrn, die bisher nicht im Kostenrahmen lagen, mit einzubeziehen.

Die größtmögliche Kostensicherheit erhält der Bauherr, indem er alle Kostenrisiken, die durch Unwägbarkeiten des Bauablaufs, der Marktentwicklung und der sukzessiven Einholung einzelner Angebote entstehen, auszuschließen versucht. Ein möglicher Weg hierzu ist die komplette Abwicklung der Bauaufgabe über nur ein Bauunternehmen, das Fertigstellungskosten und -termine garantiert. > Kap. Organisation der Ausschreibung, Festlegung von Vergabeeinheiten, Paketvergaben

Kostensicherheit

Termine

Der Bauherr wird in der Regel feste Terminvorgaben machen, mindestens aber Terminwünsche äußern. Wenn Termine vereinbart werden, sind diese auch bindend.

Terminzwänge ergeben sich meistens aus der geplanten Nutzung des Bauobjekts. Beispielsweise ist für den privaten Bauherrn, der sein Eigenheim erstellt, der Fertigstellungs- und somit der mögliche Bezugstermin von entscheidender Bedeutung, wenn er seine bisherige Mietwohnung fristgerecht kündigen will. Bei Renovierungsarbeiten an Schulen kann häufig nur während der Schulferien gearbeitet werden. Hier sind sowohl der Anfangstermin als auch der Fertigstellungstermin ausschlaggebend.

Terminzwänge

Die Terminvorgaben nehmen auch Einfluss auf mögliche Bauverfahren und damit auf die Kosten, da eine Beschleunigung der Arbeit bis zu einem gewissen Grad nur mit einem erhöhten Einsatz von Arbeitskräften, -maschinen und -materialien zu erreichen ist. Der Unternehmer ist dann beispielsweise gezwungen, Leihmaschinen einzusetzen oder die Leistungen durch Überstunden, in Wochenend- oder sogar Nachtarbeit

Termine als Kostenfaktor

■ **Tipp:** Der Planer sollte unbedingt die Terminvorstellungen des Bauherrn auf ihre Realisierbarkeit prüfen. Dies betrifft die Kapazitäten der ausführenden Firmen genauso wie die eigenen Kapazitäten. Zudem gibt es im Planungs- und Bauverlauf Prozesse, die wenig oder gar nicht beeinflussbar sind, wie z. B. Genehmigungen von Behörden, Witterungseinflüsse oder Lieferzeiten bestimmter Produkte.

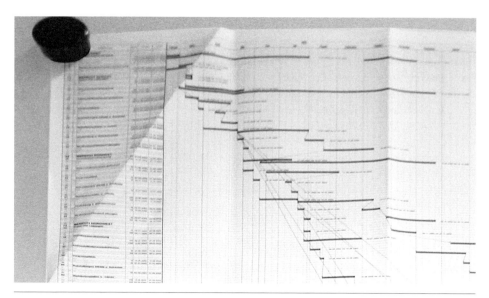

Abb. 5: Beispiel für einen Terminplan in Form eines Balkenplans

fertigzustellen. Daraus resultieren in der Regel höhere Angebotspreise, da das Unternehmen entsprechende Zuschläge für die Mehrkosten in den Angebotspreis einkalkuliert.

Auswirkungen auf die Ausschreibung

Die Terminvorgaben wirken sich auch auf die Art der Ausschreibung durch den Planer aus. Da eine solide und detaillierte Planung mit einem erheblichen Zeitaufwand verbunden ist, wird der Planer überlegen müssen, ob er diese Planungsleistung termingerecht erbringen kann. Wenn dies nicht der Fall ist, kann er z.B. einen Teil der Planungsleistung auf den Unternehmer übertragen, indem er Teilbereiche nicht detailliert, sondern funktional beschreibt. > Kap. Organisation der Ausschreibung, Der Ausschreibungsstil, Die funktionale Ausschreibung

Funktion

Bandbreite der Ausführung

Die Bauherrenziele geben den Rahmen und die Bandbreite für Realisierungsvarianten vor. Möchte beispielsweise ein privater Bauherr ein Grundstück kaufen und darauf ein Einfamilienhaus errichten, kann dies als Reihenhaus, Doppelhaushälfte oder frei stehendes Gebäude gebaut werden. Die Funktion bestimmt also unter anderem die mögliche Gebäudeform. Darüber hinaus lassen sich aus der Funktion auch typische Bauweisen ableiten. Bei dem Bau einer Lagerhalle ohne spezielle Anfor-

Abb. 6: Verschiedene Funktionen

derungen wird man in der Regel zwischen kostengünstigen Varianten (z. B. Stahlbetonbauweise oder Stahlbauweise) entscheiden. Mit der Funktion ist also eine typische Bandbreite an Lösungsmöglichkeiten verbunden, die durch individuelle Ansprüche des Bauherrn modifiziert wird.

Je stärker sich der Bauherr mit der Bauaufgabe identifiziert, desto *Bauherrenprofil* größeren Einfluss übt er auf die Planung und die daraus resultierende Ausschreibung aus. Bei einem Liebhaberobjekt möchte der Bauherr möglicherweise bis ins kleinste Detail in die Planung einbezogen sein. Dementsprechend wird auch die Ausschreibung so weit wie möglich detailliert, um seine Vorstellungen eins zu eins umzusetzen. > Kap. Organisation der Ausschreibung, Der Ausschreibungsstil, Die detaillierte Ausschreibung

Wird die fertiggestellte Baumaßnahme hingegen als reines Renditeobjekt betrachtet, liegt das Hauptinteresse des Bauherrn an einem minimalen Aufwand bei maximalem Ertrag. Er wird zunächst nur die Mindestanforderungen erfüllen wollen und sich allenfalls bei höherer Ertragsaussicht oder Vermarktungsfähigkeit auf Erhöhung der technischen und ästhetischen Ansprüche einlassen. Benötigt ein Bauherr lediglich eine Hülle für eine Funktion (z. B. eine Lagerhalle oder eine industrielle Produktionshalle), so wird er die Aufgabe auch eher pragmatisch „funktional" sehen und diese nicht im Detail bestimmen wollen.

Abb. 7: Der Leistungsumfang ist abhängig von der Bauaufgabe.

Leistungsumfang

Mindestumfang

Der Umfang der zu erbringenden Leistungen leitet sich aus den Anforderungen des Bauherrn ab. Beim Bau eines Bürogebäudes kann der Bauherr beispielsweise vorgeben, wie viele Büroarbeitsplätze geschaffen werden müssen und welche weiteren Räumlichkeiten zur Erfüllung der von ihm gewünschten Funktion notwendig sind (Foyer, Besprechungsräume, Serverbereiche usw.). Je präziser die Vorgaben sind, desto genauer lässt sich der Mindestumfang der Maßnahme bestimmen.

Rationalisierung

Wenn sich der Umfang nicht mit dem angestrebten Kostenrahmen deckt, hat der Planer die Möglichkeit, durch Rationalisierung (z. B. viele gleiche Elemente und möglichst große Abnahmemengen der gleichen Leistung) die Kosten zu reduzieren. So kann etwa die Fassadengestaltung eines Gebäudes auf das vom Hersteller produzierte Format der Fassadenplatte abgestimmt werden, so dass ohne Anschnitte oder Sonderformate große Mengen eines Plattenformates verarbeitet werden können.

Beeinflussbare Faktoren

Neben dem durch den Mindeststandard definierten Umfang gibt es auch variable Mengen, die in der Regel die Qualität des Gebäudes beeinflussen. So kann der Planer die im Vergleich zur geschlossenen Fassade teureren Fensterflächen zu Lasten der empfundenen Behaglichkeit minimieren oder die Anzahl der Arbeitsplatzanschlüsse auf Kosten der Flexibilität reduzieren.

Abb. 8: Die Beziehung zwischen Funktion und Qualität

Qualität

Aus der Funktion ergeben sich automatisch auch Anforderungen an die erwartete Qualität. Diese kann nach technischen und ästhetischen Kriterien unterteilt werden. > Abb. 9 Technische Anforderungen ergeben sich beispielsweise aus baurechtlichen Vorgaben (z. B. die Versammlungsstättenverordnung oder das Brandschutzkonzept) oder Aspekten des Gesundheitsschutzes (z. B. Lüftung oder Hygiene); ästhetische Anforderungen betreffen die Optik, Form und Beschaffenheit des gesamten Gebäudes bis hin zu einzelnen Details wie beispielsweise einer Türklinke.

Für die meisten Bauleistungen gibt es festgelegte Mindeststandards, welche die Verwendung geeigneter Materialien und eine fachgerechte Durchführung gewährleisten sollen. Neben der Mindestqualität wird der Bauherr gegebenenfalls weitergehende individuelle Ansprüche an das Objekt äußern. Sobald die geplante Ausführung vom Qualitätsstandard abweicht, muss der Planer dies in der Leistungsbeschreibung ausdrücklich erwähnen und die Ausführung oder das gewünschte Ergebnis beschreiben.

Qualitätsstandard

Sind die Anforderungen an die Ausführungsqualität höher als der normale Standard, steigen auch die Kosten. Für eine mehrfach gespachtelte und geschliffene Trockenbauwand beispielsweise ist der Arbeitsaufwand deutlich höher als für eine lediglich im Stoßbereich einfach gespachtelte und geschliffene Variante.

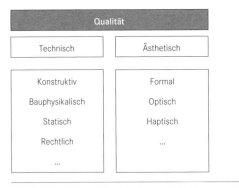

Abb. 9: Unterteilung in technische und ästhetische Qualität

Längerfristige
Planung
Bei der Qualität sollten aber immer auch langfristige Überlegungen mit einbezogen werden. So kann beispielsweise eine hochwertigere, aber teurere Installation einer Heizungsanlage ihre Mehrkosten im Augenblick der Anschaffung durch geringere Energiekosten über den Zeitraum der Nutzung leicht amortisieren.

GEGENSTAND DER AUSSCHREIBUNG

Bauleistungen und
Bauprodukte
Der Bauprozess beinhaltet die Auswahl und das Zusammenfügen verschiedenster Bauelemente. Dabei kann der Planer auf eine sehr große Auswahl vorgefertigter Bauelemente (z. B. Türblätter und Türzargen) zurückgreifen, aber auch individuell gefertigte Bauelemente (handgeschmiedete Beschläge) einbauen lassen. Ein Bauwerk lässt sich bis hin zur Lage und Kopfform der letzten Schraube planen.

Die Ausschreibung der Bauleistungen begleitet sowohl Teile des Planungsprozesses als auch den gesamten Ausführungsprozess. Sie ist eine Zusammenstellung aller notwendigen Leistungen. Je nach Umfang der Baumaßnahme und Art der Ausschreibung > Kap. Organisation der Ausschreibung, Der Ausschreibungsstil variiert auch der Umfang der Ausschreibung. Bei der geplanten Errichtung eines kompletten Hauses kann sie beispielsweise alle Leistungen vom Einrichten der Baustelle über den Aushub der Fundamente bis zur Bauschlussreinigung und Schlüsselübergabe an den Bauherrn umfassen. Ebenso kann eine Leistungsbeschreibung für das Auswechseln eines einzelnen Fensters erstellt werden.

Abb. 10: Alles kann Gegenstand einer Ausschreibung sein.

Aber nicht nur klassische Bautätigkeiten oder Produkte können Be- Planungs- und
standteil einer Ausschreibung sein, sondern auch ergänzende Planungs- Dienstleistungen
und Dienstleistungen. So können auch für fachplanerische Leistungen
wie die Erstellung eines Schallschutzgutachtens oder für eine Dienstleistung wie das Ausrichten eines Richtfestes Angebote mit Hilfe einer
Ausschreibung eingeholt werden.

Organisation der Ausschreibung

Organisations-
grundlagen

Der mögliche Umfang, die Vielfalt und die Komplexität der Ausschreibung machen es sinnvoll, den Bauablauf in Sinnabschnitte einzuteilen. Dafür muss der Planer Kenntnisse vom Baugeschehen und den Abhängigkeiten der einzelnen Maßnahmen voneinander haben, damit er diese in eine zeitliche Abfolge bringen kann.

O

ZEITPLANUNG DER AUSSCHREIBUNG

Termine und
Ausschreibung

Termine sind ein wichtiger Bestandteil der Ausschreibung. Der Planer muss wissen, welche Zeiträume zur Bauausführung realistisch sind. Aus den Ausführungsterminen kann unter Berücksichtigung möglicher Gewerkevorlaufzeiten und der Vergabevorlaufzeiten ein Zeitplan für die Bearbeitung der Ausschreibung durch den Planer und die anbietenden Bauunternehmen erstellt werden.

> O **Hinweis:** Nach der Ausschreibung und Einholung der Angebote erfolgt die Beauftragung der Firmen durch den Bauherrn. Diesen Prozess bezeichnet man als Vergabe.
> Informationen zum Vergabewesen finden sich in den jeweiligen Ländertiteln der Reihe *Bauen in,* erschienen im Birkhäuser Verlag.

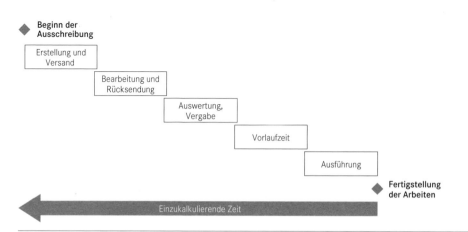

Beginn der Ausschreibung

Erstellung und Versand

Bearbeitung und Rücksendung

Auswertung, Vergabe

Vorlaufzeit

Ausführung

Fertigstellung der Arbeiten

Einzukalkulierende Zeit

Abb. 11: Die Zeitplanung einer Ausschreibung

Zeitaufwand der Beteiligten

Zeitaufwand
des Planers Der Planer benötigt ausreichend Zeit für die Erstellung einer Ausschreibung. > Abb.11 Wenn er alle Anforderungen und Wünsche des Bauherrn zusammengetragen hat, muss er sich Zeit für die Organisation der
Ausschreibung nehmen und überlegen, wie er die Anforderungen so
vermitteln kann, dass eine sinnvolle Angebotsabgabe möglich ist. Der
Planer muss die Mengen ermitteln, um den Umfang der Leistung definieren zu können. Zudem sind aufkommende Fragen mit Herstellern, Fachverbänden oder anderen kompetenten Ansprechpartnern zu klären. Um
belastbare und für die Leistungsbeschreibung verwertbare Aussagen
zu erhalten, ist es häufig notwendig, dem angesprochenen Fachmann
Unterlagen zu den Rahmenbedingungen sowie Zeichnungen zukommen
zu lassen. Bei schwierigen Einbausituationen oder komplexen Bauverfahren ist es eventuell zur eigenen Absicherung sinnvoll, schriftliche Aussagen oder Stellungnahmen von Herstellern oder Experten einzuholen.

Wenn der Planer seine Leistungsbeschreibung komplettiert hat, muss
er gegebenenfalls in Abstimmung mit dem Bauherrn eine Bieterliste, d. h.
eine Aufzählung aller zum Angebot eingeladenen Firmen aufstellen. Die
Ausschreibungsunterlagen müssen reproduziert und den Unternehmen mit
Gewährung einer entsprechenden Bearbeitungszeit zugesendet werden.

Das anbietende Bauunternehmen, das eine Leistungsbeschreibung
Zeitaufwand der
Angebotsbearbeitung erhält, muss sich in eine zunächst unbekannte Bauaufgabe einarbeiten
und benötigt deshalb nach Erhalt der Ausschreibung eine angemessene

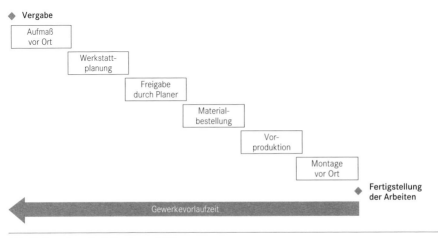

Abb. 12: Gewerkevorlauf: Fensterproduktion

22

Frist für die Bearbeitung. Je nach Art und Umfang der Ausschreibung sind gegebenenfalls ergänzende Planungsleistungen zu erbringen, bevor der Preis abschließend kalkuliert werden kann, oder es müssen Hersteller bzw. weitere Unternehmen wiederum mit internen Preisabfragen berücksichtigt werden. Die Kalkulation muss die Komponenten Lohn, Material, Gerät und Fremdleistungen berücksichtigen. Neben diesen in unmittelbarer Beziehung zur Bauaufgabe stehenden Faktoren müssen die Kosten für den allgemeinen Betrieb und ein möglicher Gewinn in den Angebotspreis eingerechnet werden. Je nach Komplexität und Umfang der Ausschreibung kann die Angebotsbearbeitung einen Tag, aber auch mehrere Wochen dauern. Insbesondere wenn die Ausschreibung auch noch planerische Leistungen oder technische Prüfungen beinhaltet, verlängert sich die notwendige Bearbeitungsfrist entsprechend.

Die Zeitspanne von der Beauftragung bis zur tatsächlichen Ausführung der Leistung (Baubeginn) auf der Baustelle ist die Gewerkevorlaufzeit. > Abb. 12 In dieser Zeitspanne können Werkpläne oder Muster von der ausführenden Firma erstellt und dem Planer zur Freigabe vorgelegt werden. Häufig werden Bauelemente von der ausführenden Firma im Werk vorbehandelt oder vormontiert. Möglicherweise müssen zur Vorfertigung Maße am Bau genommen werden, und es entsteht eine zusätzliche Abhängigkeit von den Fertigstellungsterminen dieser Leistungen, z. B. wenn das Mauerwerk mit angelegten Öffnungen fertiggestellt werden muss, um die Maße für die zu fertigenden Fenster festzulegen.

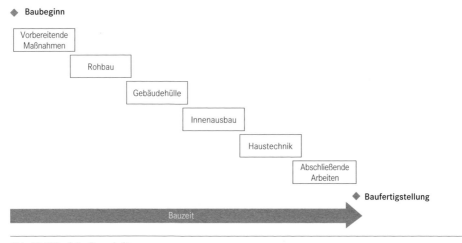

Abb. 13: Ablauf der Bauarbeiten

Ausführungsdauer   Im Hinblick auf einen möglichen Fertigstellungstermin ist es für die Zeitplanung der Ausschreibungen wichtig, die Ausführungsdauer der geforderten Leistung zu kennen. > Abb. 13

Diese lässt sich nur bedingt verkürzen. Beispielsweise kann die Ausführungsdauer durch die Anzahl der Arbeitskräfte, die Arbeitszeit und den Maschineneinsatz beeinflusst werden. Der Beschleunigung der Arbeitsabläufe sind jedoch natürliche Grenzen gesetzt, etwa Trocknungs- oder Aushärtungszeiten bestimmter Baustoffe (z. B. Estrich). Möglicherweise bietet die Baustelle nur eingeschränkt Platz, und der verstärkte Einsatz von Arbeitskräften führt zu gegenseitigen Behinderungen bei der Ausführung.

AUSSCHREIBUNGSREIHENFOLGE UND AUSSCHREIBUNGSART

Zeitliche Abfolge   Die Reihenfolge der Ausschreibungserstellung orientiert sich in der Regel an der zeitlichen Abfolge auf der Baustelle. > Abb. 13 Zuerst werden die Maßnahmen zur Vorbereitung der eigentlichen Baumaßnahme ausgeschrieben, gefolgt von der Rohbauausschreibung, der Ausschreibung der Gebäudehülle, des Innenausbaus und der Haustechnik bis hin zur Ausschreibung der abschließenden Maßnahmen.

Manchmal ist es aufgrund der Gewerkevorlaufzeit notwendig, bei der Ausschreibung von der Reihenfolge auf der Baustelle abzuweichen. So benötigen Fassadenkonstruktionen mitunter einen mehrere Monate dauernden Vorlauf, was bei der Erstellung der Ausschreibung unbedingt beachtet werden muss.

Baubegleitende   Bei dem beschriebenen Ablauf handelt es sich um eine baube-
Ausschreibung   gleitende Ausschreibung. > Abb. 14 Bei dieser Ausschreibungsart werden

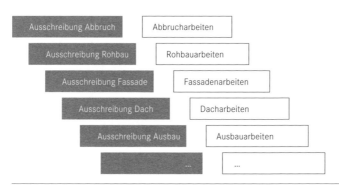

Abb. 14: Sukzessive Planung bei der Vergabe nach Gewerken (Fachlosvergabe)

sukzessiv alle Leistungen erfasst und ausgeschrieben. Während etwa der Rohbau bereits erstellt wird, befindet sich der Innenausbau in der Phase der Planung und Ausschreibung. Diese Vorgehensweise bietet gegenüber der Komplettausschreibung > Kap. Organisation der Ausschreibung, Festlegung von Vergabeeinheiten, Paketvergaben den Vorteil, dass bei unerwarteten Kostenentwicklungen entsprechend reagiert werden kann. > Kap. Einführung, Anforderungskriterien der Ausschreibung, Kosten Weiterhin ist es möglich, Änderungen, die bei der bisherigen Bauausführung und bei der vorangegangenen Ausschreibung der Gebäudehülle aufgetreten sind, noch zu berücksichtigen. Sollten sich z. B. die Rohdeckenstärken ausführungsbedingt geändert haben, kann dies nun mit einem modifizierten Bodenaufbau ausgeglichen werden. Allerdings ist bis zur letzten Ausschreibung keine wirkliche Kostensicherheit zu erzielen, weil die Angebotsergebnisse durch Marktschwankungen und andere Eventualitäten nur bedingt voraussehbar sind.

Eine größere Kostensicherheit bietet die Vergabe an ein Generalunternehmen (GU). > Kap. Organisation der Ausschreibung, Festlegung von Vergabeeinheiten, Paketvergaben Hierzu müssen alle Leistungen komplett ausgeschrieben und dem Unternehmer zur Abgabe eines Angebotes vorgelegt werden. Die benötigte Planungszeit ist entsprechend lang. Die vorher parallel zur Bauausführung betriebene Planung muss nun vollständig vor dem ersten Spatenstich erbracht worden sein. > Abb. 15 Steht die Planungszeit für eine detaillierte Ausschreibung nicht zur Verfügung, muss sich der Planer auf die für den Bauherrn wichtigen Anforderungen konzentrieren und nur diese detailliert beschreiben, > Kap. Organisation der Ausschreibung, Der Ausschreibungsstil, Die detaillierte Ausschreibung die weiteren lediglich funktional.
> Kap. Organisation der Ausschreibung, Der Ausschreibungsstil, Die funktionale Ausschreibung

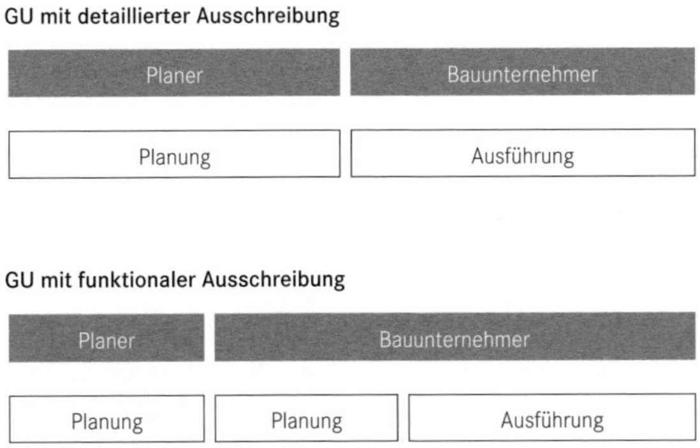

Komplett-
ausschreibung

GU mit detaillierter Ausschreibung

GU mit funktionaler Ausschreibung

Abb. 15: Vergabeverfahren und Zeitaufwand

Gesamtpaketvergabe
Alle Leistungen werden an einen Unternehmer vergeben.

Losvergabe
Unterteilung des gesamten Pakets in sogenannte „Lose"

Fachlosvergabe	Teillosvergabe
Bei fachlicher Unterteilung (Vergabe nach Gewerken)	Bei röumlicher Unterteilung (Vergabe nach Bauabschnitten)

Abb. 16: Begriffsklärung der Vergabeeinheiten

Der Zeitdruck kann mitunter so stark sein, dass auch eine rein funktionale Ausschreibung in Erwägung gezogen werden muss und auf eine Detaillierung ganz verzichtet wird.

FESTLEGUNG VON VERGABEEINHEITEN

Vergabeeinheit Als Vergabeeinheit wird der Leistungsumfang bezeichnet, der an einen Unternehmer vergeben wird. Die Vergabeeinheiten lassen sich der Größe nach in einzelne Gewerke (Fachlose), in Teillose und in zusammengefasste Pakete aufschlüsseln; auch ein Gesamtpaket aller Leistungen ist möglich. > Abb. 16

Ausschreibung nach Gewerken (Fachlosen)

Gewerke, Fachlose Die Einteilung nach Gewerken (oder auch Fachlosen) orientiert sich an den handwerklichen und bautechnischen Leistungen, die traditionell aus einer Hand (z. B. eines Handwerksbetriebes wie Maurer, Zimmermann oder Estrichleger) stammen. Sie bildet in der Regel die kleinste Vergabeeinheit. > Abb. 17

Ein Gewerk kann gegebenenfalls in noch kleinere Einheiten aufgeteilt werden, wenn innerhalb dieses Gewerkes viele unterschiedliche Leistungen verlangt werden. So kann eine Ausschreibung von Schlosserarbeiten sämtliche diesem Gewerk zuzuordnenden Leistungen beinhalten. Es können auch mehrere Ausschreibungen mit einzelnen Schwerpunkten erstellt werden, beispielsweise eine Leistungsbeschreibung mit dem Inhalt Fassadenkonstruktion in Metall und eine weitere mit Stahltreppen und Geländern. Die kleinste denkbare Vergabeeinheit ist schließlich eine einzelne Leistung. > Abb. 18

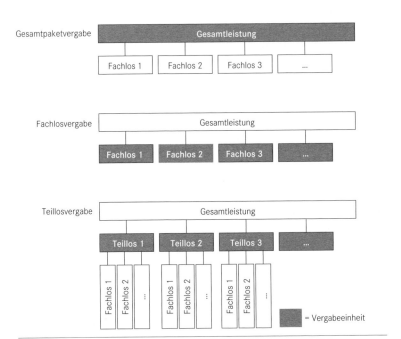

Abb. 17: Beispiele für Vergabeeinheiten

Die Ausschreibung nach Gewerken enthält entsprechend alle Leistungen dieses Gewerkes oder nur einen Teil der Leistungen, die diesem Gewerk zuzuordnen sind. Die Aufteilung eines Gewerkes ist sinnvoll, wenn die Spezialisierung einzelner Firmen genutzt werden soll.

○ **Hinweis:** Der Begriff Gewerk wird im allgemeinen Sprachgebrauch auch auf weniger traditionelle Arbeiten angewendet, etwa auf Gebäudereinigungsarbeiten, Medienplanung oder das Erstellen von Beschilderungen. Auch wenn es sich nicht um traditionelle Handwerksberufe handelt, zählt in diesem Fall, dass die Leistungen eine fachliche Einheit bilden.

● **Beispiel:** Ein Bauunternehmen, das tagtäglich Treppen produziert und montiert, kann diese professioneller und wahrscheinlich zu günstigeren Konditionen anbieten als ein Schlosser, der auf Fassaden spezialisiert ist, jedoch grundsätzlich alle Leistungen seines Gewerkes abdeckt.

Vorbereitende Maßnahmen	Rohbau	Gebäudehülle
- Baustelleneinrichtung - Abbrucharbeiten - Freimachen des Geländes - Erdarbeiten - Verbauarbeiten - ...	- Erdarbeiten - Maurerarbeiten - Betonarbeiten - Stahlbauarbeiten - Abdichtungsarbeiten - Zimmer- und Holzarbeiten - Gerüstarbeiten - ...	- Zimmer- und Holzarbeiten - Stahlbauarbeiten - Abdichtungsarbeiten - Dachdeckungsarbeiten - Klempnerarbeiten - Wärmedämmarbeiten - Putzarbeiten - Fassadenarbeiten - Metallbauarbeiten - Verglasungsarbeiten - Malerarbeiten - Gerüstarbeiten - ...

Ausbau	Haustechnik	Abschließende Maßnahmen
- Putzarbeiten - Estricharbeiten - Bodenbelagarbeiten - Betonwerksteinarbeiten - Naturwerksteinarbeiten - Fliesen- und Parkettarbeiten - Schlosserarbeiten - Trockenbauarbeiten - Tischlerarbeiten - Malerarbeiten - Gerüstarbeiten - ...	- Heizungsinstallation - Lüftungsinstallation - Sanitärinstallation - Elektroinstallation - Aufzugsanlagen - Medientechnikinstallation - ...	- Gebäudereinigung - Installation Schließanlage - Außenanlagen - Baustellenräumung - ...

Abb. 18: Typische Gewerkeeinteilungen

Der Nachteil ist, dass mit der Beauftragung mehrerer Firmen ein höherer Koordinationsaufwand einhergeht und Synergieeffekte (z. B. Anfahrten zur Baustelle oder größere Abnahmemengen mit entsprechend günstigeren Konditionen) verloren gehen können.

Bündelung von Gewerken

Mitunter kann es sinnvoll sein, mehrere Gewerke zu bündeln. Es erscheint logisch, alle Arbeiten, die das Dach betreffen, nur einer Firma zu übertragen, um dadurch die Koordination verschiedener Firmen zu vermeiden. So können Zimmermannsarbeiten (Aufstellen des Dachstuhls), die Dachdeckungsarbeiten (Dachaufbau von der Dämmung bis zur Dachpfanne) und Klempnerarbeiten (Anbringen der Dachrinnen, Blechverwahrungen usw.) von einer Firma erledigt werden. Viele Firmen haben sich auf den Wunsch des Bauherrn, nur einen Ansprechpartner zu haben, eingestellt und werben mit der Erbringung der Gesamtleistung. Hierbei gilt es zu beachten, dass scheinbar große Firmen viele Leistungen nur „hinzukaufen" und diese oftmals nicht so günstig anbieten können. Der Bauherr erkauft sich die Bequemlichkeit dann mit einem Preiszuschlag für die interne Organisation der Nachunternehmer durch die beauftragte Firma. > Kap. Organisation der Ausschreibung, Festlegung von Vergabeeinheiten   O

Ausschreibung nach Teillosen

Eine weitere Vergabeeinheit stellt das Teillos dar. Hier werden die Leistungen nicht unter dem Gesichtspunkt der Zugehörigkeit zu einem spezifischen Handwerk sortiert, sondern in Abschnitte gegliedert, die sich meistens aus dem Wunsch ergeben, sehr umfangreiche Arbeiten an mehrere Unternehmen vergeben zu können.   *Teillos*

Bei öffentlichen Aufträgen kann dahinter die Absicht stecken, möglichst viele Firmen an der Angebotsabgabe zu beteiligen, da sich der Leistungsumfang dann an den Kapazitäten eher durchschnittlicher Firmen orientiert.   *Leistungen aufteilen*

Ein anderer sinnvoller Grund für die Gliederung in Teillose ist die Planung der Arbeiten über einen langen Zeitraum mit möglichen Unterbrechungen. Bei größeren Bauvorhaben werden häufig Bauabschnitte festgelegt, um die Nutzung von Teilbereichen zu ermöglichen, während andere Bereiche später fertiggestellt werden. > Abb. 19   *Bauabschnitte*

Paketvergabe

Das schon bei der Bündelung mehrerer Gewerke anvisierte Ziel, > Kap. Organisation der Ausschreibung, Festlegung von Vergabeeinheiten, Ausschreibung nach Gewerken möglichst nur einen Ansprechpartner auf Seite der Ausführenden zu haben, wird bei der Vergabe an einen Generalunternehmer weiter verfolgt.   *Generalunternehmerausschreibung*

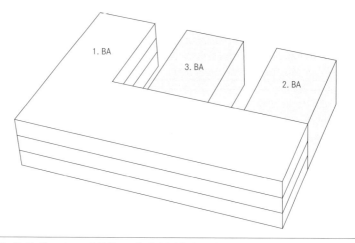

Abb. 19: Die Vergabe nach Teillosen ist bei Gebäuden mit mehreren Bauabschnitten möglich.

Der Bauherr beauftragt in diesem Fall ein einziges Bauunternehmen mit allen Leistungen, die zur Fertigstellung der Bauaufgabe nötig sind. Anstatt vieler Verträge wird nur ein Vertrag geschlossen.

Termintreue Bei einem Generalunternehmer ist es leichter, Fertigstellungsfristen zu setzen, da er durch die Gesamtkoordination Verzögerungen in Teilleistungen durch Forcierung der Arbeiten in anderen Bereichen begegnen kann. Bei der Beauftragung von vielen Einzelfirmen sind Terminbindungen aufgrund der vielfältigen gegenseitigen Abhängigkeiten schwieriger durchzusetzen, da die einzelnen Bauunternehmen gegenseitig in keinem Vertragsverhältnis stehen.

Generalunternehmer-
zuschlag Für all dies bürgt der Generalunternehmer, der sich diesen oft erheblichen Koordinationsaufwand und gegebenenfalls die Risikoabdeckung der übernommenen Garantien über Zuschläge im Angebot bezahlen lässt. In der Praxis gibt es kaum Unternehmen, die alle gewünschten Leistungen mit Arbeitern des eigenen Hauses abdecken können. Vielmehr werden die Leistungen bei anderen Firmen angefragt, die – wenn sie beauftragt werden – mit dem Status eines Nach- bzw. Subunternehmers arbeiten. Das Angebot des Generalunternehmers endet in der Regel mit einem garantierten Preis, für den die Leistungen zu einem vertraglich festgelegten Termin erbracht werden müssen.

DER AUSSCHREIBUNGSSTIL

Grundsätzlich wird zwischen der <u>funktionalen</u> und der <u>detaillierten</u> Ausschreibung unterschieden. Diese klare Trennung wird in der Praxis eher selten mit letzter Konsequenz angewandt. Jede detaillierte Ausschreibung beinhaltet auch funktionale Elemente. So werden beispielsweise selbst bei einer akribisch detaillierten Gipskartonständerwand die genauen Angaben zur Befestigung der Gipskartonplatten fehlen. Man setzt die Fachkenntnis des Handwerkers voraus, dass die Platten an der Unterkonstruktion mit den dafür geeigneten Schrauben befestigt werden.

Eine funktionale Ausschreibung hingegen kann zwar ganz ohne detaillierte Elemente auskommen, aber auch hier wird es in der Praxis meist Bereiche geben, deren Anforderungen detaillierter formuliert werden. Je mehr der Planer den Bauherrn zu Vorgaben befragt, desto umfänglicher wird in der Regel seine Liste an detaillierten Anforderungen innerhalb der eigentlich funktionalen Ausschreibung.

Die funktionale Ausschreibung

Eine funktionale Ausschreibung beinhaltet keine Beschreibung des Ausführungsprozesses bzw. des exakten Bauverfahrens, sondern stellt das geforderte Ergebnis in den Mittelpunkt. Der Bieter übernimmt die Planung der Ausführung und trägt damit auch das Risiko, das geforderte Ergebnis zu erzielen, selbst wenn sein Angebot lückenhaft ist. Neben der Verantwortung für mögliche Planungsfehler übernimmt die ausführende Firma auch das Mengenermittlungsrisiko. Dieses Risiko entsteht, wenn die Mengen der einzelnen Leistungen auf Grundlage eigener Planung ermittelt werden müssen.

Der Bieter hat jedoch die Möglichkeit, die Ausführung aufgrund seiner fachlichen Erfahrungen durch die Verfahrenswahl zu bestimmen. Durch den zugebilligten Handlungsspielraum kann er die gesamte Leistung auf seine Ressourcen bezogen optimieren.

Die Kriterien zur Beurteilung des Angebotes beinhalten neben dem Preis auch die Umsetzung der gestellten Anforderungen. Zu der aufwendigen Bearbeitung des Angebotes durch den Bieter kommt anschließend noch die umfangreiche Bewertung durch den Planer. In der Folge haben Bauherr bzw. Planer prinzipiell keinen Einfluss mehr auf die weitere Ausführung. Der Kontrollverlust, der insbesondere die Detailplanung betrifft, kann zu einem Verlust an gestalterischer Qualität führen. **Beurteilung der Angebote**

Die Wahl der funktionalen Ausschreibung resultiert häufig aus Zeitmangel. > Kap. Einführung, Anforderungskriterien der Ausschreibung, Termine So lässt sich die eigentlich sehr umfangreiche Planung, die einer Generalunternehmervergabe vorausgehen müsste, durch eine funktionale Ausschreibung deutlich verkürzen. Auch ein geringer Anspruch an die Details der Ausführung seitens des Bauherrn kann eine funktionale Beschreibung bedingen, insbesondere da die ausführende Firma zusätzlich viele Risiken (z. B. Planungsrisiko oder Mengenrisiko) übernimmt. Ein weiterer Grund für die **Wahl der funktionalen Ausschreibung**

Wahl eines funktionalen Stils ist schlicht die Unkenntnis des Planers, wie die geforderten Ziele mit Hilfe einer detaillierten Ausschreibung zu erreichen sind. So wird der Planer im Regelfall nicht die Einzelkomponenten eines Klimagerätes und deren Anordnung ausschreiben, sondern die Anforderungen hinsichtlich Kühlleistung oder Luftwechselrate beschreiben.

Die detaillierte Ausschreibung

Die detaillierte Ausschreibung setzt eine weitestgehend abgeschlossene Ausführungsplanung voraus. Der Planer beschreibt nicht nur das geforderte Ergebnis, sondern auch den Lösungsweg. Er trägt somit das Risiko, dass die Ausführung nicht die Anforderungen erfüllt oder dass er eine fehlerhafte, lückenhafte oder nicht eindeutige Ausschreibung abgibt. Hieraus können sich zusätzliche Kosten durch Nachträge (notwendige, aber nicht in der Ausschreibung enthaltene Leistungen) ergeben.

Beurteilung der Angebote

Bei einer detaillierten Ausschreibung gestaltet sich die Angebotsauswertung entsprechend einfacher, da die Verfahrenswahl festgelegt ist und nur die Preise verglichen werden müssen.

Wahl der detaillierten Ausschreibung

Die Wahl der detaillierten Ausschreibung ist immer dann sinnvoll, wenn der Bauherr die Kontrolle über die Ausführung behalten will. Nur auf diese Weise lässt sich die Ausführung bis ins Detail steuern, und unerwartete Überraschungen werden vermieden.

Die Ausschreibungstiefe

Die Mischung von funktionalen und detaillierten Ausschreibungen ist grundsätzlich möglich. So eröffnen sich dem Planer weit reichende Gestaltungsmöglichkeiten. Er wird für alle Bereiche, die dem Bauherrn wichtig sind, eine detaillierte Ausführungsplanung vorlegen und den Ausführungsprozess entsprechend genau beschreiben. In Bereichen, die diese hohe Anforderung in der Detailausführung nicht verlangen, kann er sich auf die Beschreibung der Anforderungen beschränken und den Unternehmer die für ihn optimale Lösung wählen lassen.

Detailliert oder funktional?

Wenn der Planer detailliert ausschreibt, muss er entsprechend umfangreiche Kenntnisse aufweisen. Bei einer fehlerhaften Ausführung, die auf Grundlage seiner Leistungsbeschreibung entstanden ist, muss er dafür haften. Daher ist es ratsam, Ausschreibungsbestandteile, bei denen der Planer auf kein fundiertes Wissen zugreifen kann, funktional unter Berücksichtigung des gewünschten Ergebnisses auszuschreiben.

Vollständigkeit der Ausschreibung

Der Planer muss sich immer fragen, ob die von ihm erstellte Ausschreibung vollständig und eindeutig ist. Sobald der Planer von den Mindeststandards abweicht, muss er dies mit Hilfe der Ausschreibung dokumentieren. Wenn er beispielsweise ein „geordnetes und gleichmäßiges" Schraubbild zur Befestigung der Fassadenelemente fordert, muss er zur Vermeidung von strittigen Interpretationen dieser Anforderung eine Planzeichnung mit Darstellung des Schraubbildes beifügen. Die Kontrolle über die Ausführung der jeweiligen Leistungen erlangt man in der Regel nur über detaillierte Beschreibungen. Dies ist mit einem hohen Zeitaufwand verbunden und nicht immer für alle Bereiche eines Baus zu leisten. Der Planer sollte immer abwägen, welcher Grad an Detaillierung notwendig und angemessen ist. So sind beispielsweise die Anforderungen an die Schalung einer Sichtbetonwand viel präziser zu formulieren als die Schalung der nach Bauabschluss nicht sichtbaren Fundamente.

Aufbau einer Ausschreibung

Die Ausschreibung – funktional oder detailliert – setzt sich aus mehreren Bestandteilen zusammen. > Abb. 20, 21 Sie umfasst die Gesamtheit der Unterlagen, die zur Vergabe einer Bauleistung erforderlich sind.　○

TEXTELEMENTE

Als Textelemente lassen sich alle Beschreibungsformen zusammenfassen, die mit Hilfe von Worten und Zahlen Angaben zum Ablauf und der Durchführung der geplanten Baumaßnahme machen. Eine Ausschreibung wird mit Hilfe solcher Textelemente verfasst und enthält folgende Bestandteile:

— Allgemeine Informationen zum Projekt
— Vertragsbedingungen
— Technische Anforderungen
— Angaben zu den Bedingungen auf der Baustelle
— Die Leistungsbeschreibung

Im Regelfall umfassen die Textelemente einen großen Anteil einer Ausschreibung. Die Verwendung von Texten ermöglicht es dem Planer, Informationen zu übermitteln, die aus Plänen nicht zu entnehmen sind.

Allgemeine Informationen zum Bauvorhaben

Ein vollständiges Ausschreibungspaket enthält allgemeine Angaben zu der geplanten Bauaufgabe und zu den Vergabemodalitäten. Diese Informationen werden in einem Deckblatt oder Anschreiben mitgeteilt, welches neben der Aufforderung zur Angebotsabgabe und weiterer vergaberelevanten Terminen auch die wesentlichen Beteiligten benennt und eine kurze Baubeschreibung beinhaltet.

Allgemeine Angaben

○ **Hinweis:** Wesentlich für die Eindeutigkeit der Ausschreibung ist, dass die einzelnen Elemente sich nicht widersprechen bzw. für diesen Fall Rangfolgen der einzelnen Beschreibungselemente festgelegt werden. So kann beispielsweise festgelegt werden, dass die Leistungsbeschreibung immer Vorrang vor den technischen Anforderungen hat.

Muster, Referenzobjekte und
Ausführungsbeispiele

Pläne und Zeichnungen

Leistungsbeschreibung

Projektbezogene Bedingungen

Technische Anforderungen

Vertragliche Bedingungen

Baubeschreibung

Anschreiben

Abb. 20: Die Bestandteile einer Ausschreibung

	Textelemente	Zeichnungselemente	Sonstige Elemente
Konkrete Elemente	– Funktionalbeschreibung – Detaillierte Leistungsbeschreibung – Vergabe-, Verhandlungs- und Besprechungsprotokolle – Baubeschreibung – Vorbemerkung – Bedingungen der Baustelle – Gutachten – Ggf.spezielle Vertragsbed. – Ggf.spezielle techn.Anf.	– Pläne – Skizzen	– Proben – Muster – Referenzobjekte – Ausführungsbeispiele
Standardisierte Elemente	– Standardleistungstext – Allgemeine Vertragsbedingungen – Spezielle Vertragsbedingungen – Allgemeine technische Anforderungen – „Anerkannte Regeln der Technik" – Herstellerangabe	– Richtzeichnungen – Leitdetails	– Muster – Farbtonkarten

Abb. 21: Systematisierung der Ausschreibungsbestandteile

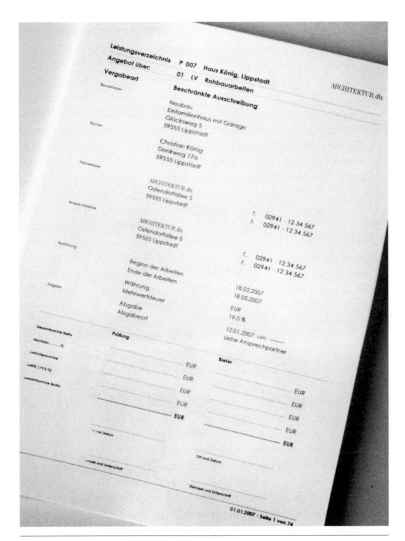

Abb. 22: Beispiel für ein Deckblatt

Das Deckblatt stellt sowohl Einleitung als auch Inhaltsverzeichnis der Ausschreibung dar. Alle für die Angebotsbearbeitung durch die Bauunternehmen relevanten Informationen und die Bewerbungsbedingungen werden hier in kurzer Form zusammengestellt. Das Deckblatt sollte folgende Angaben enthalten:

— Angaben zu Absender und Empfänger der Unterlagen
— Datum
— Bezeichnung der Baumaßnahme
— Ort, Art und Umfang der Leistung

Deckblatt/
Anschreiben

- Rahmenbedingungen des Bauvorhabens (Vergabeart, Fristen usw.)
- Ausdrückliche Aufforderung zur Angebotsabgabe
- Bewerbungsbedingungen
- Liste der beiliegenden Unterlagen (Verdingungsunterlagen)

Bezeichnung der Baumaßnahme

Die Angaben zu Ort, Art und Umfang der Leistungen sind neben der Bezeichnung der Baumaßnahme zur eindeutigen Identifizierung erforderlich und entsprechend knapp zu halten. Sind weitere Angaben zur Baumaßnahme notwendig, sollte dies in der Baubeschreibung vorgenommen werden. > Kap. Aufbau einer Leistungsbeschreibung, Vorgehen bei einer funktionalen Leistungsbeschreibung, Funktionale Leistungsbeschreibung mit Entwurf

Angabe zum Vergabeverfahren

Das Vergabeverfahren sollte eindeutig im Deckblatt gekennzeichnet werden und muss bei öffentlichen Bauherren angegeben werden. > Kap. Organisation der Ausschreibung, Zeitplanung der Ausschreibung, Zeitaufwand der Beteiligten

Besichtigungstermine

Die Ortsangabe ist auch wegen möglicher Besichtigungstermine vor Ort von Bedeutung. Grundsätzlich sollten solche Termine mit Ort- und Datumsangabe im Deckblatt vermerkt sein. Gleiches gilt für geplante Einsichtstermine in weitere, im Ausschreibungspaket nicht enthaltene Unterlagen.

Angebotsfrist / Submission

Von Bedeutung für die Einholung der Angebote sind die Angaben zur Angebotsfrist sowie des Submissionstermins und die Bindefristen des Angebots. > Kap. Organisation der Ausschreibung, Zeitplanung der Ausschreibung

Die Angebotsfrist gibt an, bis zu welchem Termin das Angebot abgegeben werden muss. Über die Bindefrist wird der Bieter bis zum angegebenen Termin an sein Angebot gebunden. Die maßgebenden Zuschlagskriterien (z. B. Preis) sollten den Bietern auf dem Deckblatt der Ausschreibungsunterlagen bekannt gemacht werden.

Verbindlichkeit des Angebots

Um Missverständnisse auszuschließen, sollte das Deckblatt eine Formulierung enthalten, die die Verbindlichkeit des Angebots sicherstellt und verhindert, dass durch das Angebot Kosten für den Ausschreibenden entstehen. Eine derartige Formulierung könnte lauten:

„Wir bitten Sie um Ihr verbindliches, für uns und den Bauherrn kostenloses Angebot für das Bauvorhaben ... "

● **Beispiel:** „Bei der Baumaßnahme ... handelt es sich um ein dreigeschossiges Bürogebäude mit einer Bruttogeschossfläche von ca. 10 000 m², das als Stahlbetonskelettbau mit Ortbeton herzustellen ist. Das zu bebauende Grundstück liegt zwischen der ...-Straße und der ...-Straße und ist ausschließlich über die Zufahrt Ecke ...-Straße zu erreichen. Die genaue Lage des Baustellengrundstücks ist dem Lageplan zu entnehmen."

Das Beispiel verdeutlicht, wie gering der Umfang einer Baubeschreibung sein kann. Es werden wichtige Informationen zur gewünschten Bauweise (Skelettbau mit Ortbeton), zur Art der Bauleistung (Stahlbetonbauarbeiten), Größe (Bruttogeschossfläche, dreigeschossig), zur Funktion (Bürogebäude) und zur Lage des Baustellengrundstücks (Verweis auf den Lageplan) gemacht.

Durch Bewerbungsbedingungen kann der Planer im Anschreiben Einfluss auf die potenziellen Bewerber nehmen. Mögliche Bedingungen können den Nachunternehmereinsatz regeln oder Bietergemeinschaften zum Vergabeverfahren zulassen bzw. ausschließen. Bewerbungs-
bedingungen/
Zulassungskriterien

Über die Abfrage von Eignungsnachweisen und Zulassungskriterien kann der Planer überprüfen, ob die anbietenden Unternehmen für die Durchführung der Arbeiten geeignet sind. Neben der fachlichen Überprüfung der Eignung, etwa durch Referenzobjekte, können auch Angaben zur wirtschaftlichen Situation der Unternehmen eingeholt werden, um sicherzustellen, dass das Unternehmen eine ausreichende Liquidität besitzt. Üblich sind ebenfalls Auskünfte über die Kapazitäten der Bauunternehmen, über die Mitgliedschaft in der Berufsgenossenschaft und über den Haftpflichtversicherungsstatus mit Angabe der Mindestdeckungssumme. Eignungsnachweise

Weitere allgemeine Angaben zum Bauvorhaben finden sich in der Baubeschreibung. Sie gibt dem ausführenden Unternehmen einen Überblick über die umzusetzende Baumaßnahme und enthält keine Detailangaben zu einzelnen auszuführenden Leistungen. Der Bieter soll sich vielmehr anhand von Konstruktionsbeschreibungen und Angaben zu den wesentlichen kostenwirksamen Randbedingungen der Baumaßnahme ein vollständiges Bild des Projekts machen. Baubeschreibung

Bei größeren Bauvorhaben ist es eventuell sinnvoll, genauere Angaben zum Baukörper bzw. zur Gliederung und Anordnung einzelner Baukörper in die Baubeschreibung mit aufzunehmen, damit der Bieter sich ein besseres Bild von möglichen Bauabschnitten machen kann.

Vertragsbedingungen

Ziel der Ausschreibung ist die Anbahnung eines Vertragsverhältnisses zwischen dem Bauherrn und einem oder mehreren ausführenden Unternehmen. Vor diesem Hintergrund sind neben der Beschreibung der zu erbringenden Leistungen immer auch Regelungen von Bedeutung, die die vertraglichen Modalitäten bei der Abwicklung der Bauausführung festlegen.

■ **Tipp:** Aufgrund der zum Teil sehr komplizierten Regelwerke empfiehlt es sich, auf standardisierte, z. B. von den Fachverbänden empfohlene Vertragstexte zurückzugreifen oder die Gestaltung der Vertragsbedingungen zumindest bei größeren Maßnahmen durch Juristen vornehmen zu lassen.

Der Planer bereitet den zukünftigen Vertrag entsprechend in der Ausschreibung mit allgemeinen und speziellen Vertragsbedingungen vor. Allgemeine Vertragsbedingungen sind als vollständige Vertragsmuster verfügbar, dagegen müssen spezielle Vertragsbedingungen im Regelfall als Geschäftsbedingungen des Auftraggebers (Bauherr) formuliert werden.

Allgemeine
Vertragsbedingungen

Allgemeine Vertragsbedingungen bestehen aus nationalen oder internationalen Standards, die für die Abwicklung von Bauprojekten verwendet werden können. Sie enthalten wichtige Angaben zu:

— <u>Art und Umfang der Leistung</u> (Angaben zu den Bestandteilen des Vertrages und deren Rangfolge sowie Angaben zum Änderungs- bzw. Erweiterungsrecht der Bauaufgabe)
— <u>Vergütung</u> (Regelungen zum Umgang mit Vergütungsansprüchen bei Abweichungen von der beschriebenen Leistung)
— <u>Ausführung</u> (Regelungen zur Überwachung der Arbeiten durch den Bauherrn, zur Sicherung der allgemeinen Ordnung auf der Baustelle und der Verwendung von Baustelleneinrichtungselementen durch das ausführende Unternehmen; Regelung des Einspruchsrechts, falls der ausführende Unternehmer Bedenken gegenüber einer vom Bauherrn bzw. dessen Planer vorgegebenen Leistung hat)
— <u>Ausführungsunterlagen</u> (Angaben zur Übergabe der für die Ausführung von Bauleistungen erforderlichen Unterlagen)
— <u>Fristen</u> (allgemeine Regelung, die z. B. den Beginn einer Baumaßnahme innerhalb eines definierten Zeitraumes absichert, wenn kein Datum vertraglich vereinbart wurde)
— <u>Behinderungen</u> (Festlegung der Verfahrensweise bei sich anbahnenden Behinderungen. Beispielsweise sollen Behinderungen dem Bauherrn im Voraus angezeigt und in ihrer Art und Auswirkung beschrieben werden, um Gegenmaßnahmen einleiten zu können.)
— <u>Kündigungen</u> (Regelungen zur Kündigung seitens des Bauherren oder seitens des ausführenden Unternehmens)
— <u>Haftung</u> (Angaben zur Regelung der Verantwortung der Vertragsparteien)
— <u>Vertragsstrafen</u> (Regelungen zu den Modalitäten der Vertragsstrafen, die nicht die Höhe der Strafe betreffen)
— <u>Abnahmen</u> (Regelung der Fristen bei rechtlichen Abnahmen von Bauleistungen)
— <u>Gewährleistung</u> (Regelungen zur Sicherstellung der Ansprüche des Bauherrn nach Abnahme der Bauleistung)
— <u>Abrechnung</u> (Angaben, wie und in welcher zeitlichen Folge nach dem Abschluss der Leistungen und Teilleistungen abgerechnet werden muss)

- Stundenlohnarbeiten (Regelungen zum Umgang mit der Vergütung von angefallenen Leistungen, die nicht in der Leistungsbeschreibung enthalten sind, beispielsweise eine Verpflichtung der ausführenden Unternehmung, derartige Arbeiten beim Bauherrn vor Ausführung anzukündigen)
- Zahlungen (allgemeine Regelungen zu Abschlags-, Teilschluss- und Schlussrechnungen, beispielsweise werden Zeitvorgaben für die Dauer der Schlussrechnungsprüfung vorgegeben)
- Sicherheitsleistungen (Regelungen zur gegenseitigen Absicherung der Vertragspartner, beispielsweise in Form von Bürgschaften oder Sicherheitseinbehalten)
- Streitigkeiten (Regelungen für den Streitfall, wie die Festlegung des Gerichtsstandes am Ort des Auftraggebers)

Die speziellen Vertragsbedingungen können dieselben Inhalte wie die allgemeinen Vertragsbedingungen betreffen und diese in bestimmten Punkten ergänzen. Sie dienen im Regelfall als Zusatz zu den allgemeinen Vertragsbedingungen und nicht als Ersatz. Typischerweise werden spezielle Vertragsbedingungen in die Ausschreibungsunterlagen aufgenommen, wenn bereits eine grundsätzliche Regelung in den allgemeinen Vertragsbedingungen existiert. Darüber hinaus werden aber auch die folgenden Bereiche thematisiert:

Spezielle
Vertragsbedingungen

- Rechnungen (Rechnungen sind nach ihrem Zweck als Abschlags-, Teilschluss- und Schlussrechnung entsprechend zu bezeichnen und jeweils durchlaufend zu nummerieren. Weitere formale Anforderungen können z. B. die Reihenfolge der aufgeführten Leistungen und deren Bezeichnung gemäß Leistungsbeschreibung betreffen.)
- Besondere Zahlungsmodalitäten (Regelungen, wie die Zahlungen des Bauherrn an das ausführende Unternehmen erfolgen und an welche Bedingungen die Zahlungen gekoppelt sind. Es könnte z. B. ein Zahlungsplan vereinbart werden, der Auskunft über die Höhe und das Datum der Zahlungen gibt. Oftmals werden Zahlungen zu bestimmten Terminen in dem Umfang der zu diesem Zeitpunkt erbrachten Leistung vereinbart.)
- Grundlagen der Preisermittlung (die kalkulatorischen Ansätze des Bieters, aus denen der Angebotspreis resultiert)
- Preisgleitklauseln für Lohn oder Material (Regelungen, die eine Anpassung von Vertragspreisen nach Vertragsschluss ermöglichen, wenn die zugrunde gelegten Maßstäbe für Lohn bzw. Baustoffe sich während der Bauphase verändern)

- Ankündigung von Mehrkosten (Regelungen, die der frühzeitigen Information des Bauherrn über anfallende Mehrkosten dienen)
- Nachunternehmer (Nachunternehmer werden zur Durchführung von Leistungen eingesetzt, die ein Unternehmen nicht selbst erbringen kann. Soll der Nachunternehmereinsatz ausgeschlossen bzw. nur unter bestimmten Auflagen erlaubt sein, ist dies in den speziellen Vertragsbedingungen zu regeln.)
- Wettbewerbsbeschränkung (Unzulässige Wettbewerbsbeschränkungen ergeben sich aus wettbewerbswidrigen Vorabreden zwischen den Bietern zur Abgabe bzw. Nicht-Abgabe von Angeboten, zu Preisen oder Gewinnzuschlägen. Spezielle Vertragsbedingungen regeln, welche Konsequenzen diese Wettbewerbswidrigkeiten haben.)
- Preisnachlässe (werden regelmäßig als Prozentsatz vereinbart und von allen Rechnungen in entsprechender Höhe abgezogen)
- Umweltschutz (Normalerweise werden keine konkreten Maßnahmen zum Umweltschutz formuliert. Vielmehr wird in den speziellen Vertragsbedingungen zur Reduzierung der Umweltbeeinträchtigungen durch die Baumaßnahme aufgerufen.)
- Vertragsänderungen (Die Modalitäten bei Vertragsänderungen sollten in den speziellen Vertragsbedingungen geregelt werden. Es könnte z. B. vereinbart werden, dass Vertragsänderungen ausschließlich der Schriftform bedürfen.)

Technische Anforderungen

Die Planung einer Baumaßnahme und die Beschreibung der zur Umsetzung notwendigen Leistung enden regelmäßig bei einer bestimmten Detailtiefe. Alles Weitere wird über die Vereinbarung von technischen Anforderungen festgelegt. Diese liefern Anleitungen zur Ausführung von Leistungen. Beispielsweise wird der Planer eine Stahlbetonwand zeichnerisch darstellen und diese eventuell mit einer detaillierten Leistungsbeschreibung mit Angaben zu Schalung, Bewehrung und Beton textlich differenzieren. Er wird aber nicht beschreiben, wie die Schalung im Detail herzustellen, die Bewehrung in ihrer Lage zu sichern und der Beton zu verdichten ist. Diese Angaben gehören zum Fachwissen der ausführenden Unternehmen und werden über technische Anforderungen in der Ausschreibung zwischen dem Planer und dem Bauunternehmen kommuniziert.

Technische Anforderungen sind als umfassendes Paket von Vorschriften für die meisten Leistungen unterschiedlicher Gewerke verfügbar. > Anhang Sie enthalten relevante Vorgaben für eine Vielzahl von Bauvorhaben in Form eines Mindeststandards. Um einen höheren Standard zu definieren, werden spezielle technische Anforderungen formuliert.

Allgemeine technische Anforderungen sind Normen, die im Sinne der allgemein Anerkannten Regeln der Technik gelten.

Die Regelungen sind meist gewerkespezifisch sortiert und enthalten Angaben zum Geltungsbereich, zu den verwendeten Stoffen und Materialien, zur Ausführung, zu Nebenleistungen, die der Leistung zuzuordnen sind, und zur Abrechnung sowie Hinweise zur Aufstellung der Leistungsbeschreibung.

Allgemeine technische Anforderungen

○

Bei den speziellen technischen Anforderungen handelt es sich um Regelungen, die entweder in Ergänzung der allgemeinen technischen Anforderungen verwendet werden oder vorher nicht geregelte Bereiche betreffen. Eine spezielle technische Anforderung kann sich z. B. auf ein Bauverfahren beziehen, dass nicht durch die allgemeinen Regelungen abgedeckt wird, oder sie regelt in Ergänzung zu den bestehenden Mindestanforderungen eine höhere Anforderung an die Maßtoleranzen.

Spezielle technische Vertragsbedingungen

Spezielle technische Anforderungen resultieren aus Normen, aber auch aus sonstigen technischen Regelwerken, Herstellerrichtlinien oder Vorschriften und Merkblättern von Interessengemeinschaften.

Auch können für bestimmte Leistungen erhöhte Anforderungen gemäß dem Stand der Technik oder dem Stand der Wissenschaft und Technik vereinbart werden, die gegebenenfalls auf Grundlage von Einzelzulassungen begründet werden.

Ferner regeln spezielle technische Anforderungen z. B. Zwischenabnahmen, wenn aus technischen Gründen Leistungen während der Bauzeit abzunehmen sind, die durch den weiteren Baufortschritt später verdeckt sind.

○ **Hinweis:** Sollen bestimmte Regelungen nur für ein konkretes Bauprojekt vereinbart werden, sind diese in den projektbezogenen Vertragsbedingungen und nicht in den speziellen Vertragsbedingungen zu berücksichtigen, da diese in der Regel für mehrere Bauvorhaben formuliert werden.

○ **Hinweis:** Bei den Anerkannten Regeln der Technik handelt es sich um ein Regelwerk, das auf Techniken beruht, die sich über lange Zeit bewährt haben. Einen gehobenen Standard stellt der Stand der Technik dar, welcher die neuesten technischen Verfahren repräsentiert, aber nicht bewährt sein muss. Eine weitere Steigerung bietet der Stand der Wissenschaft und Technik, der die neuesten wissenschaftlichen Erkenntnisse berücksichtigt.

Projektbezogene Vertragsbedingungen

Projektbezogene Angaben informieren über die Rahmenbedingungen des Bauprojekts. Sie umfassen alle das konkrete Bauvorhaben betreffenden Regelungen vertraglicher und technischer Art.

Angaben zur Baustelle Für jedes Projekt sind diese Vertragsbedingungen neu zusammenzustellen. Sie sollten folgende Angaben zur Baustelle enthalten:

— <u>Lage</u> (Adresse und Situationsbeschreibung der Baustelle)
— <u>Zufahrt</u> (Anfahrtsmöglichkeit zur Baustelle)
— <u>Lagerfläche</u> (Bereiche, die dem ausführenden Unternehmen während der Bauabwicklung für seine Arbeiten zur Verfügung gestellt werden
— <u>Hebezeuge</u> (Hebezeuge wie Kräne oder Aufzüge werden oftmals als Vorhaltegeräte auf Baustellen eingesetzt und können von verschiedenen Firmen zum Transport ihrer Baustoffe genutzt werden.)
— <u>Gerüste</u> (Ein Gerüst kann möglicherweise weiteren Firmen zur Verfügung gestellt werden.)
— <u>Anschlüsse für Strom, Wasser und Abwasser</u> (Die entsprechenden Entnahmestellen werden vor Baubeginn im Rahmen der Baustelleneinrichtung festgelegt.)
— <u>Sanitäreinrichtungen</u>
— <u>Abfallentsorgung</u>
— <u>Telefonanschlüsse</u>

Umlage allgemeiner Baustellenkosten Die allgemeinen Baustellenkosten können über vertragliche Regelungen auf alle ausführenden Unternehmer umgelegt werden. Kostenbeteiligungen können ebenfalls für das Aufstellen von Bauschildern, die Benutzung der Baustelleneinrichtung und die Abfallentsorgung in den projektbezogenen Vertragsbedingungen enthalten sein.

Ausführungs-
zeitraum/
Vertragsfristen Besondere Bedeutung kommt den Vorgaben zum Ausführungszeitraum zu. Alle diesbezüglichen Angaben werden projektbezogen festgelegt. Hierzu zählen Angaben zum Beginn und zum Ende der Bauarbeiten. Diese Fristen sind für die spätere Durchführung der Bauaufgabe verbindlich und führen bei Überschreiten zu einer Vertragsverletzung mit der möglichen Folge einer Schadensersatzforderung bzw. einer Vertragsstrafe. Nur Vertragsfristen, die in den projektbezogenen Vertragsbedingungen für das ausführende Unternehmen zu erkennen waren, sind rechtlich relevant. Sollen neben dem Anfangs- und Endtermin weitere Zwischentermine für die Baustelle vertraglich mit dem ausführenden Unternehmen vereinbart werden, sind diese in den projektbezogenen Vertragsbedingungen als Einzelfristen auszuweisen.

Vertragsstrafe Folgen aus überschrittenen Vertragsterminen sind im Regelfall Schadensersatzansprüche des Bauherrn gegenüber dem ausführenden Unternehmen. Hierbei wird ausschließlich der tatsächlich entstandene

Schaden berücksichtigt. Sollen darüber hinaus andere Regelungen im Umgang mit der Vertragsverletzung definiert werden, sind entsprechende Hinweise im Hinblick auf eine Vertragsstrafe in den projektbezogenen Vertragsbedingungen vorzusehen.

Ferner können nach Erfordernis weitere projektbezogene Vertragsbedingungen vereinbart werden, wie z. B. Angaben zu parallel ausgeführten Leistungen anderer Unternehmer oder Regelungen zur Räumung und Reinigung der Baustelle.

Leistungsbeschreibung

Die Leistungsbeschreibung ist der wesentliche Bestandteil einer Ausschreibung. Die Differenzierung zwischen funktionaler und detaillierter Ausschreibung geht ausschließlich auf die Art der Leistungsbeschreibung zurück. Für eine detaillierte Leistungsbeschreibung wird ein Leistungsverzeichnis verwendet, während bei einer funktionalen Leistungsbeschreibung ein Leistungsprogramm erstellt wird. In Ausnahmen werden Baubeschreibungen als funktionale Leistungsbeschreibungen verwendet.

> Abb. 23

Die Vorgehensweise beim Aufstellen einer detaillierten bzw. funktionalen Leistungsbeschreibung wird umfassend im letzten Kapitel erörtert.

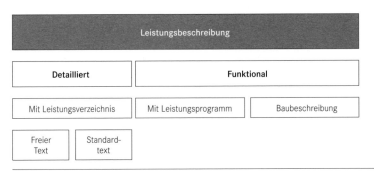

Abb. 23: Arten der Leistungsbeschreibung

ZEICHNUNGSELEMENTE

Die der Ausschreibung beigelegten Pläne, Zeichnungen oder Skizzen sollten die Angebotsbearbeitung des Unternehmers hinsichtlich der zu kalkulierenden Leistungen erleichtern. Er benötigt daher alle Planunterlagen, die einerseits zur allgemeinen, geometrischen Orientierung und andererseits zum Verständnis der geforderten Leistung notwendig sind.

○ Spektrum zeichnerischer Beschreibungselemente

Das Spektrum an zeichnerischen Beschreibungselementen reicht von der einfachen Handskizze bis zur technischen Zeichnung, wobei die Planinhalte vom Lageplan bis zum Ausführungsdetail im Maßstab variieren. > Abb. 24, 25

Verweise

Pläne und Skizzen können aber auch unmittelbar in die Leistungsbeschreibung mit eingebunden werden. Über Verweise auf bestimmte Planungsdetails kann der Architekt in der Leistungsbeschreibung auf besondere Punkte hinweisen, die nicht unmittelbar aus dem Beschreibungstext hervorgehen oder die besser in einer zeichnerischen Darstellung zu vermitteln sind.

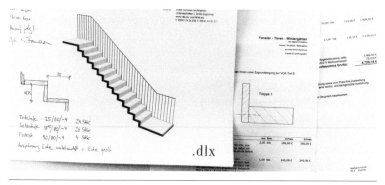

Abb. 24: Handskizze

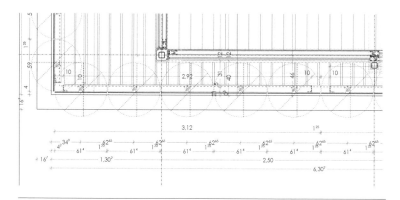

Abb. 25: Darstellung komplexer räumlicher Zusammenhänge

○ **Hinweis:** Gebaut wird nach den Ausführungsplänen des Architekten und nicht nach der Leistungsbeschreibung. Die Leistungsbeschreibung bildet die Grundlage für die Angebotsbearbeitung. Widersprechen sich Informationen in der Leistungsbeschreibung und den Plänen, sind diese im Einzelfall zu überprüfen, wobei die gegebenenfalls vertraglich festgelegte Rangfolge zu berücksichtigen ist.

SONSTIGE BESCHREIBUNGSELEMENTE

Falls Texte und Zeichnungen nicht ausreichen, um die geforderten Leistungen hinreichend zu beschreiben, kann auf Muster zurückgegriffen werden. Soll beispielsweise eine bestimmte Oberflächenstruktur des Sichtbetons erreicht werden, die mit den allgemeinen Regelungen und Definitionen zur Oberflächenqualität von Sichtbeton nicht abgedeckt ist, ist es sinnvoll, eine Musterfläche herzustellen und für die Bieter zugänglich zu machen oder sie sogar der Ausschreibung beizulegen (z. B. ein bereits im Gebäude verwandtes Furnierholz).

Muster

Der Textteil der Ausschreibung kann bei einem Muster auf weitergehende Beschreibungen verzichten und mit der Formulierung „Ausführung gemäß Muster ..." enden.

Im Rahmen der Ausschreibung kann auch eine Bemusterung gefordert werden. Eine Bemusterung ist etwa bei natürlichen Werkstoffen wie Natursteinen üblich, da das Erscheinungsbild des Gesteins sehr stark variieren kann. Eine zeichnerische und textliche Beschreibung ist hier nahezu unmöglich. Das ausführende Unternehmen wird aufgefordert, eine repräsentative Fläche auszulegen, um dann die entscheidenden Kriterien wie Farbton, Art und Verteilung der Einschlüsse anhand des Musters festzulegen.

Bemusterung

Ebenso können Musterräume eingerichtet werden, in denen der Bauherr die Ausstattung von den Oberflächenmaterialien bis zu den Einrichtungsgegenständen im Zusammenhang sehen und bewerten kann.

Referenzobjekte sind besonders beim Bauen im Bestand oder bei Bauensembles von Bedeutung. So kann für die Gestaltung der Gebäudehülle die Wahl des Mauerziegels mit Einhaltung des Fugenbildes analog zum Bestand gefordert werden, ohne dass der Planer Format, Färbung oder Verband explizit erklären muss. Auch der Verweis auf bereits gebaute Objekte und die dort erreichten Qualitäten kann Grundlage für die Beschreibung von Bauleistungen werden.

Referenzobjekte, Ausführungsbeispiele

Aufbau einer Leistungsbeschreibung

Es werden drei grundlegende Ausgangssituationen für funktionale oder detaillierte Leistungsbeschreibungen unterschieden. > Abb. 26

1. Es liegt kein Entwurf vor.
2. Die Entwurfsplanung bzw. Baugenehmigung ist vorhanden.
3. Die Ausführungsplanung ist abgeschlossen.

VORGEHEN BEI EINER FUNKTIONALEN LEISTUNGSBESCHREIBUNG

Das Ziel einer funktionalen Leistungsbeschreibung ist die Zusammenstellung aller notwendigen Anforderungen an ein Gebäude. Ziele

Die Aufstellung einer Leistungsbeschreibung kann durch Zurückgreifen auf verschiedene Beschreibungsinstrumente erleichtert werden. Hierzu zählen: Funktionale Beschreibungselemente

— Baubeschreibungen
— Bauprogramme
— Raumprogramme
— Anforderungsraumbücher

Weitere Stufen der Detaillierung in Bezug auf die Leistungsbeschreibung stellen die Konstruktions- und Ausstattungshandbücher dar, welche aufgrund ihrer abweichenden, nicht funktionalen Beschreibungssprache zum Teil zu viele konkrete Vorgaben vermitteln und dabei dem konzeptoffenen Prinzip der Funktionalausschreibung widersprechen. Dennoch können auch diese Instrumente im Rahmen einer funktionalen

	Detaillierte Leistungsbeschreibung	Funktionale Leistungsbeschreibung	
Planungsstand	Mit Ausführungsplanung	Mit Entwurf	Ohne Entwurf
Gesichtspunkte der Angebotsprüfung	Wirtschaftliche Lösung (Angebotspreis)	Gestalterische funktionale, technische und wirtschaftliche Lösung	Technische und wirtschaftliche Lösung

Abb. 26: Merkmale der Leistungsbeschreibungsarten

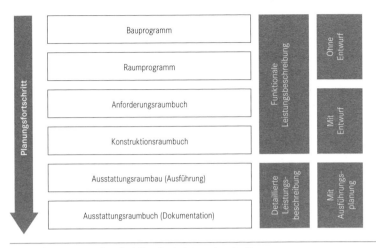

Abb. 27: Instrumente einer funktionalen Leistungsbeschreibung

Ausschreibung zur Verwendung kommen, wenn etwa für die Ausstattung bestimmter Räume eine unveränderliche Qualitätsanforderung umgesetzt werden soll. > Abb. 27

Die aufgeführten Instrumente dienen entweder als Grundlage zur Gestaltung einer funktionalen Leistungsbeschreibung, oder sie werden selbst Bestandteil der Leistungsbeschreibung. Ohne Entwurf kann in der Regel nur ein Bau- oder Raumprogramm erstellt werden, während für die Erstellung eines Raumbuches ein Entwurf vorliegen muss.

Ob ein Entwurf vorliegt oder nicht, ändert nichts an den grundlegenden Prinzipien der funktionalen Leistungsbeschreibung. Das Ziel ist die Definition aller Anforderungen des Bauherrn, wobei der Gestaltungsrahmen des Bieters ohne Entwurfsvorgabe wesentlich größer ist.

○ **Hinweis:** Auch mit einem vorliegendem Entwurf können Bauprogramme und Raumprogramme als funktionale Leistungsbeschreibung verwendet werden, solange diese ihm nicht widersprechen. Üblich ist jedoch eine kleinteiligere Beschreibung der Leistungen auf der Ebene von Räumen, Bauelementen und Bauprodukten.

Funktionale Leistungsbeschreibung ohne Entwurf

Die ohne Entwurf nutzbaren Instrumente Bauprogramm und Raumprogramm beschreiben ausschließlich Anforderungen an das gesamte Bauwerk, einzelne Gebäudeteile oder Nutzungsbereiche. Die gestalterische, technische, nutzungsorientierte und ökonomische Ausgestaltung plant der Bieter.

Ein Bauprogramm enthält rudimentäre Aussagen zu einem Gebäude. Es werden in erster Linie Angaben zum Objekt gemacht, etwa zur Nutzung, zur Bürogröße, zur Art der Büros, zur Anzahl der Stockwerke und der Büroräume pro Geschoß oder zur Unterkellerung.

○
Bauprogramm

Nr.	Bereich	Anforderung
I	Gebiet	Musterstraße 12, 00001 Musterstadt
II	Maßnahme (Bezeichnung)	Bürokomplex im Innenstadtbereich
III	Art der Baumaßnahme	Umbauten
IV	Art der Nutzung	Büro, Kantine
V	Grundstücksgröße	10 000 m^2
VI	Anzahl der Geschosse	3
VII	Unterkellerung	ja (1 Geschoss)
VIII	Gliederung des Bauobjekts	2 Hauptgebäude Büro, 1 Nebengebäude, Kantine
IX	Bürofläche	von ... m^2 bis ... m^2
X	Kantinenfläche	von ... m^2 bis ... m^2
XI	Art der Büros	Einzelne Büros und Großraumbüro
XII	Größe Einzelbüros	von ... m^2 bis ... m^2
XIII	Größe Großraumbüro	von ... m^2 bis ... m^2
XIV	Erschließung	Das Gebäude ist an das öffentliche Versorgungs- und Verkehrsnetz anzubinden.
XV	Stellplätze	Tiefgarage im Keller, Stellplätze auf der Nordseite des Gebäudes, 1 Stellplatz pro Arbeitsplatz
XVI	Abfall	Zentrale Abfallentsorgung
XVII	Freianlagen	Park mit Teich
XVIII	Gesetze und Vorschriften	Bebauungsplan, Landesbauordnung

Abb. 28: Beispielhafte Gliederung eines Bauprogramms

Bauprogramme beinhalten Informationen über die Randbedingungen des Bauvorhabens in Form von ergänzenden Angaben zum Anschluss an das öffentliche Versorgungsnetz (Abwasser, Wasser, Gas, Strom und Telekommunikation), Verkehrsnetz sowie zu den Außenanlagen.

Bauprogramme müssen Anforderungen der vorgegebenen Nutzungsbereiche enthalten. Diese Anforderungen können zum Teil differenziert und konkretisiert werden. Beispielsweise kann bereits auf dieser Ebene für den Nutzungsbereich Einzelbüros eine Schallschutzanforderung festgesetzt werden. > Abb. 28

Raumprogramm

Eine feinere Definition der Anforderungen erfolgt mit Hilfe des Raumprogramms. Neben Angaben zu den Räumen und Nutzungsbereichen enthält das Raumprogramm Informationen zu deren Lage und Verknüpfung untereinander. Die Bandbreite möglicher Informationen, die in einem Raumprogramm zusammengestellt werden, ist abhängig von dem verfügbaren Planungsstand. Eine sinnvolle Unterteilung der Flächen nach folgenden Kriterien schafft eine gute Beschreibungssystematik:

— Nutzung
— Anzahl
— Größe
— Lage und Orientierung > Abb. 29

Funktionsschema

Ein Funktionsschema stellt die räumliche Beziehung einzelner Bereiche zueinander dar, ohne die benötigten Flächen abzubilden. Zwingende Abhängigkeiten einzelner Bereich werden veranschaulicht, um die sich aus der Nutzung ergebenden Ablaufprozesse zu verdeutlichen. > Abb. 30

Grafisches Raumprogramm

Die Informationen aus tabellarischem Raumprogramm und Funktionsschema können zu einem grafischen Raumprogramm zusammengefasst werden. Es kann bereits bestimmte Grundelemente des architektonischen Entwurfs enthalten, da formale Aussagen unter Berücksichtigung der geforderten Flächen und Räume und deren Zuordnung zueinander
■ dargestellt werden. > Abb. 31

> ■ **Tipp:** Mit Symbolen können grafisch dargestellte
> Raumprogramme weitere Informationen, wie Angaben
> zu den gewünschten Lichtverhältnissen (Tageslicht/
> künstliches Licht), enthalten.

Nutzung	Anzahl	Größe	Lage und Orientierung
Empfangsfoyer	1	150 m²	EG Nordseite/Westseite
Kantine	1	200 m²	EG Nordseite/Ostseite
Küche	1	80 m²	EG Mitte/Ostseite
Büro	4	je 25 m²	EG Südseite/Westseite
Veranstaltungsraum	3	1 × 200 m²	EG Südseite/Ostseite
		2 × 50 m²	

Abb. 29: Beispiel eines tabellarischen Raumprogramms

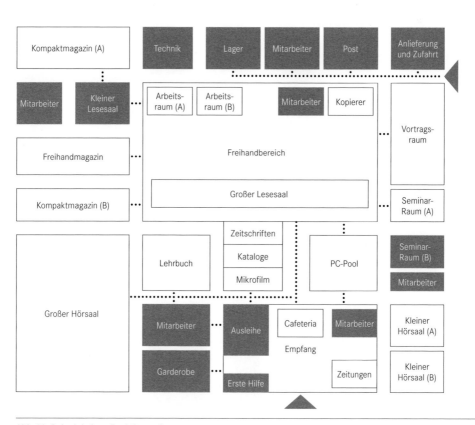

Abb. 30: Beispiel eines Funktionsschemas

Neben dem Bau- und Raumprogramm sind aber auch andere Beschreibungsformen wie die Baubeschreibung zur Aufstellung einer funktionalen Leistungsbeschreibung ohne Entwurf geeignet.

Die Baubeschreibung dient im Wesentlichen der groben Darstellung der geplanten Baumaßnahme. Sie kann jedoch auch funktionale Inhalte vermitteln. > Kap. Aufbau einer Ausschreibung, Textelemente, Allgemeine Informationen zum Bauvorhaben

Im Unterschied zum räumlich organisierten Raumprogramm ist eine Baubeschreibung konstruktions- oder gewerkebezogen aufgebaut. Dies ist auch der Grund, weswegen sie nur auf sehr grober Ebene als Grundlage für eine funktionale Leistungsbeschreibung geeignet ist. Die Angabe „Stahlbetonhalle, 2000 m² Grundfläche" ist zwar eine sehr grobe Baubeschreibung, kann aber sehr wohl als funktionales Beschreibungselement eingesetzt werden. Die Angabe des Gewerkes „Stahlbeton" verhindert jedoch einen Wettbewerb mit alternativen Konstruktionselementen wie z. B. Stahlträgern.

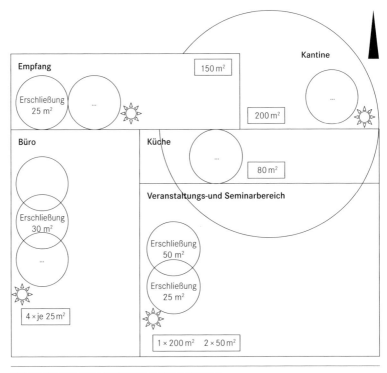

Abb. 31: Beispiel eines grafischen Raumprogramms

Je mehr gewerkebezogene Angaben die Baubeschreibung enthält, desto stärker wird der gewünschte Ideenwettbewerb eingeschränkt.

Funktionale Leistungsbeschreibung mit Entwurf

Liegt ein Entwurf vor, bestehen bereits konkrete Vorgaben für die umzusetzende Baumaßnahme, die durch Pläne abgebildet werden. Der funktionale Charakter einer Leistungsbeschreibung mit gegebenem Entwurf bleibt jedoch gewahrt, da weiterhin Definitionen von Qualitätsanforderungen an einzelne Bausysteme, Bauteile oder Bauprodukte möglich sind. Vor diesem Hintergrund erweist sich der Einsatz von Raumbüchern als hilfreiches Mittel zur Systematisierung der Anforderungen.

Das Raumprogramm kann bei entsprechendem Planungsfortschritt über Raumbücher weiter differenziert werden. Hierzu wird eine Systematik verwendet, die Angaben zu jedem geplanten Raum ermöglicht. Ziel eines Raumbuches ist eine systematische Erfassung des Raumbedarfs sowie die Definition der Nutzungsanforderungen. Zur eindeutigen Kennzeichnung und vereinfachten Weiterverwendung der zugewiesenen Informationen sollte jedes Raumbuch folgende Angaben enthalten:

Raumbuch

– Raumnummer gemäß einer definierten Gliederungssystematik der Baumaßnahme
– Bezeichnung des Raumes
– Angaben zur Flächenart
– Angaben zu Anforderungs- bzw. Ausstattungsmerkmalen   ○

Es gibt drei verschiedene Arten von Raumbüchern, die unterschiedliche Zwecke erfüllen und dementsprechend unterschiedliche Planungsstände voraussetzen:

Raumbucharten

○ **Hinweis:** Raumbücher werden zu unterschiedlichen Zwecken eingesetzt. Sie helfen bei der Bedarfsplanung für einen Entwurf, bilden gegebenenfalls die Grundlage für eine funktionale Ausschreibung, werden als Vertriebsunterlagen für die Vermarktung von Gebäuden genutzt, unterstützen die Bauleitung während der Bauausführung und dokumentieren den Bestand nach Abschluss der Arbeiten für die Gewährleistung oder die Gebäudebewirtschaftung. Bei zukünftigen Umbaumaßnahmen sind sie darüber hinaus als Bestandsaufnahme eine wertvolle Planungsgrundlage.

- — Anforderungsraumbücher
- — Konstruktionsraumbücher
- — Ausstattungsraumbücher

Das Anforderungsraumbuch spielt für die funktionale Leistungs-beschreibung mit vorliegendem Entwurf eine zentrale Rolle. Für jeden Raum oder Bereich wird ein Formblatt angelegt, welches tabellarisch alle bekannten Anforderungen enthält. > Abb. 32

Raumbuch

Anforderungsraumbuch	**Blatt:**	05

Bauvorhaben:	Weinreich Versicherungen, Musterstadt Süd (P45/145)
Gebäudetyp:	Bürokomplex

Datum:	05.03.2007	**Aufsteller:**	Hr. Müller
		Genehmigt:	Fr. Sanders

Raumbezeichnung:	Büro	**Geschoss:**	1. OG
Raumnummer:	1.304		

Technische Anforderungen

Bereich	Anforderung	Messwert
Statik ...	Maximale Durchbiegung ...	f = l/300 ...
Bauphysik ...	Brandschutz gemäß DIN 4102 ...	Bauteile mind. F 30 ...

Funktionsorientierte Anforderungen

Bereich	Anforderung	Messwert
...	...	...

Gestalterische Anforderungen

Bereich	Anforderung	Messwert
...	...	...

Ökonomische Anforderungen

Bereich	Anforderung	Messwert
...	...	...

Ökologische Anforderungen

Bereich	Anforderung	Messwert
...	...	...

Abb. 32: Beispiel für ein Anforderungsraumbuch

Mit dem Konstruktionsraumbuch existiert eine weitere Beschreibungsform, bei der detaillierte Beschreibungen der Konstruktion, nicht aber der Ausstattung für einen Raum vorgegeben werden. > Abb. 33

Konstruktionsraumbuch

Das Ausstattungsraumbuch stellt eine vollständige Beschreibung der Ausstattung aller Räume dar. Es dokumentiert, welche Ausstattungselemente in welcher Menge und Qualität je Raum einzubauen sind. Jedes Element wird in Anzahl und Bezeichnung gemäß Hersteller oder vergleichbar detailliert aufgeführt.

Ausstattungsraumbuch

O

Raumbuch

Blatt: 05

☐ Konstruktionsraumbuch
☒ Ausstattungsraumbuch

Bauvorhaben: Oberstraße 1
                 12345 Dorla
Gebäudetyp:

Datum: 05.03.2007

Aufsteller: Hr. Müller

Genehmigt: Fr. Sanders

Raumbezeichnung: Büro

Raumhöhe: 3,00 m

Raumnummer: 1.304

Grundfläche: 20,60 m²

Geschoss: 1. OG

Flächenart: Nutzfläche

Nr.	Element	Ausstattung/Konstruktion	Eigenschaften	Menge
1	Boden	Stahlbetonplatte aus Ortbeton Trittschalldämmung Trennschicht Estrich Teppich	C20/25 PE-Folie ZE 20, d = 50 mm	1
2	Decke	Stahlbetonplatte aus Ortbeton Abgehängte Gipskartondecke Gespachtelte Fugen Anstrich ...	C20/25	...
3	Wand	...	...	...
4	Fenster	...	...	...
5	Türen	...	...	...
6	Beleuchtung	...	...	...
7	Anschluss Strom	...	...	...
8	Heizung	...	...	...
9	Lüftung	...	...	...

Abb. 33: Beispiel für ein Ausstattungs- und Konstruktionsraumbuch

Gliederung einer funktionalen Leistungsbeschreibung

Zur Systematisierung einer funktionalen Leistungsbeschreibung mit Leistungsprogramm sollte – im Gegensatz zur gewerkeorientierten Leistungsbeschreibung mit Leistungsverzeichnis – eine Gliederung des Baukörpers erfolgen. So lassen sich Räume über die Zugehörigkeit zu Gebäudeteilen und Geschossen eindeutig und systematisch anhand von durchlaufenden Nummern erfassen.

Zur weiteren Gliederung sollten Nutzungs- bzw. Funktionsbereiche gebildet werden. Auf dieser Gliederungsebene können bereits Angaben zu einzelnen Elementen der Versorgung und Technik, der Gründung, der Tragkonstruktion, der Fassade und des Daches gemacht werden. Sind Einzelnutzungen bekannt oder vorgesehen, ist sogar eine Definition von Anforderungen auf Basis von Bauteilen, wie z. B. einer nichttragenden Trennwand zwischen zwei Büros, möglich. > Abb. 34

Gliederung des Gebäudes

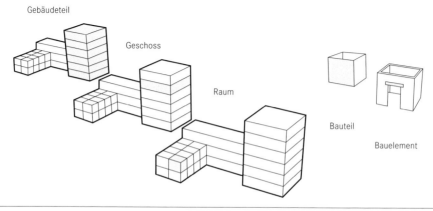

Abb. 34: Bauwerksgliederung

Eine Unterteilung der Baumaßnahme ist immer nur so weit erforderlich, dass die unterschiedlichen Anforderungen aus den Bauherrenzielen und aufgrund der gegebenen Rahmenbedingungen abgebildet werden können. So ist es bei der ausschließlichen Vorgabe einer Funktion durch den Bauherrn nicht sinnvoll und im Regelfall auch nicht möglich, diese auf der Ebene einzelner Bauteile zu beschreiben. > Abb. 35   ●

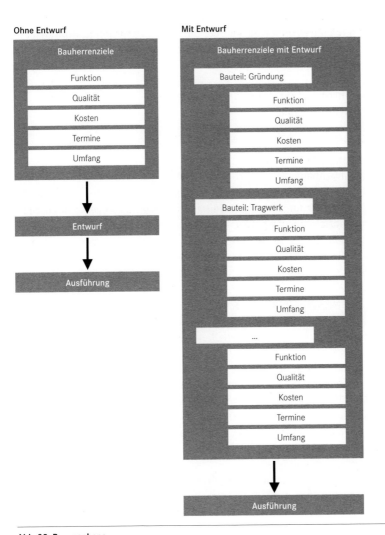

Abb. 35: Bezugsebene

Die oben vorgestellten Instrumente Bauprogramm, Raumprogramm und Raumbuch sind gegliedert aufgebaut. Über die Zuweisung von Anforderungen können sie in Bezug auf die unterschiedlichen Gliederungsebenen als funktionale Leistungsbeschreibung mit Leistungsprogramm verwendet werden. Ihre Verwendung ist jedoch nicht zwingend erforderlich. Wesentlich ist nur, dass für die Definition von Anforderungen eine Bezugsebene hergestellt wird. Die könnte beispielsweise ein Gebäudeteil, aber auch ein Bauelement sein.

Aufstellen eines Anforderungsprofils

Nach Festlegung der Gliederungssystematik kann das Nutzungsprofil (Bauherrenziele und Rahmenbedingungen) sukzessive auf die kleinste gewählte Einheit (einen Raum oder ein Bauteil) angewandt werden.

Es empfiehlt sich, die geplante Baumaßnahme in einem ersten Schritt einer Funktionsgruppe zuzuordnen.

— Wohnungsbau
— Verwaltungsbau
— Warenhaus
— Schule, Hochschule
— Fabrikationsgebäude
— Krankenhaus

Um das Benutzungsprofil weiter zu differenzieren, werden gestalterische (soziale und ästhetische), technische, funktionale, ökonomische, ökologische und, wenn erforderlich, weitere Anforderungskategorien gebildet, die jeweils zusammengehörige Anforderungsaspekte enthalten. So sind der Bereich Bauphysik und der Bereich Konstruktion jeweils Anforderungsaspekte der technischen Anforderungskategorie.

Eine weitere Unterteilung ist auf Grundlage von Einzelaspekten möglich. Diese beziehen sich wiederum auf bestimmte Teilbereiche der Anforderungsaspekte und können über Messwerte genauer festgelegt werden. Einzelanforderungen beinhalten regelmäßig Verweise auf Normen und Vorschriften, aus denen gewisse Mindeststandards hervorgehen. Eine mögliche Einzelanforderung innerhalb des Anforderungsaspekts Bauphysik ist die Brandschutzanforderung an eine Tür, die über einen Messwert auf mindestens F30 festgelegt werden kann.

Die Einzelanforderungen und die hinterlegten Messwerte lassen sich gemäß der in Abbildung 36 dargestellten Gliederungssystematik übersichtlich zusammenstellen.

Die Zusammenstellung der Anforderungen in einem Leistungsprogramm ist jedoch nicht die einzige Beschreibungssprache. Anforderungen können auch über Fließtexte definiert werden, solange dabei eine konkrete Zuordnung der Anforderung zu einem Bezugselement (z. B. Gebäudeteil oder Raum) bestehen bleibt.

Gliederung mit Bau-, Raumprogramm und Raumbuch

Grobbeschreibung über die Funktion des Gebäudes

Anforderungskategorien und Anforderungsaspekte

Einzelanforderungen und Messwerte

Darstellungsmöglichkeiten einer funktionalen Leistungsbeschreibung

Anforderungskategorie	Anforderungsaspekt	Einzelanforderung	Messwert
z.B. technische Anforderungen	z.B. Bauphysik	z.B. Brandschutz	z.B. F60
			...
		...	...
			...
	z.B. Statik	...	...
			...
		...	...
			...
z.B. ästhetische Anforderungen	...	...	...
...	...	...	...

Abb. 36: Beispiel für ein System zur Erfassung von Anforderungen im Leistungsprogramm

Die Definition von Anforderungen sollte im Hinblick auf die Wünsche des Bauherrn und die Rahmenbedingungen des Bauprojektes vollständig und eindeutig erfolgen. Im Folgenden werden diesbezüglich mögliche Anforderungen gemäß der genannten Kategorisierung näher erläutert.

Definition von Anforderungen

Die gestalterische Anforderungskategorie umfasst sowohl ästhetische als auch soziale Anforderungsaspekte. Die Inhalte dieser Kategorie unterliegen in starkem Maße der Bauherrenempfindung und umfassen Aspekte wie Bequemlichkeit, Geborgenheit oder Komfort im sozialen Bereich sowie Architekturqualität, Eleganz und Repräsentationswirkung im ästhetischen Bereich.

Gestalterische Anforderungen

○ **Hinweis:** Messwerte liefern eindeutige und prüfbare Grundlagen für Einzelanforderungen. Fehlen die Messwerte oder liegen sie nur in qualitativer Form (z. B. erhöhter Schallschutz) vor, entstehen eventuell ungewollte Interpretationsspielräume auf Seiten der Bieter.

Diese subjektiven Anforderungen beinhalten beispielsweise die Vorgabe hochwertiger Baustoffe oder repräsentativer öffentlicher Bereiche (etwa ein großzügiges Atrium).

Funktionsorientierte Anforderungen sind ebenfalls durch die Bauherrenziele bestimmt. Bereits die Einordnung in eine grobe Funktionsgruppe (z. B. Schulgebäude) repräsentiert wesentliche Merkmale der angedachten Funktion. Die enthaltenen Anforderungsaspekte liefern Angaben zum Funktionsraster, der Deckenspannweite, der Anzahl der Geschosse, der Geschossfläche, der Nutzfläche, der Variabilität des Grundrisses oder der Umnutzungsmöglichkeiten des Gebäudes. Ferner ergeben sich aus der Funktion verschiedene Anforderungen technischer Art.

Technische Anforderungen gehen unmittelbar aus der Funktion, aus Normen und Vorschriften und auch aus konkreten Bauherrenwünschen hervor. Im Wesentlichen werden alle Bereiche der Tragfähigkeit und Stabilität sowie die Bauphysik (z. B. Wärme-, Schall-, Brand- oder Feuchtigkeitsschutz) durch Anforderungen näher bestimmt.

Eine technische Anforderung kann beispielsweise aus dem Wunsch des Bauherrn nach klimatisierten Büroräumen resultieren und müsste entsprechend in der funktionalen Leistungsbeschreibung berücksichtigt werden.

Auch die ökonomischen Nutzaspekte werden vorrangig durch die Bauherrenziele bestimmt. Aspekte wie Investitionskosten, Bauunterhaltungskosten, Betriebskosten oder Nutzungserlöse hängen unmittelbar mit der Absicht des Bauherrn und der Funktion und Technik des geplanten Gebäudes zusammen. Eine strategische ökonomische Überlegung des Bauherrn kann darauf abzielen, dass sein Gebäude mit alternativen statt fossilen Energieträgern versorgt wird, die eventuell zwar höhere Investitionskosten verursachen, aber langfristig Einsparungen ergeben.

In der ökologischen Anforderungskategorie werden Themen wie Recyclingfähigkeit, biologische Unbedenklichkeit der eingesetzten Baustoffe oder Umsetzung eines umweltschonenden Energiekonzeptes beschrieben. Die Rahmenbedingungen für diesen Bereich sind zunächst rechtlicher Natur, sie können aber auch durch Zielvorgaben des Bauherrn bestimmt werden. So können staatliche Förderungsmöglichkeiten umweltschonender Techniken Anlass für den Bauherrn sein, diese für sich in Anspruch zu nehmen. Es kann aber auch ein Niedrigenergiehaus vom Bauherrn gefordert werden, ohne die einzelnen Anforderungen im Detail genauer zu benennen. Weitere Beispiele für ökologische Anforderungen ergeben sich aus langfristigen Betrachtungen im Hinblick auf schadstofffreien Umbau bzw. Rückbau des geplanten Bauobjektes.

Über die oben genannten Anforderungen hinaus sind weitere Angaben für die funktionale Leistungsbeschreibung von Bedeutung, die noch nicht im aufgestellten Leistungsprogramm enthalten sind. Hierbei

Funktionsorientierte Anforderungen

Technische Anforderungen

Ökonomische Anforderungen

Ökologische Anforderungen

Sonstige Angaben zu einer funktionalen Leistungsbeschreibung

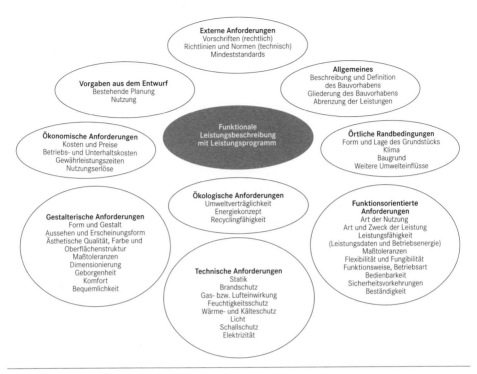

Abb. 37: Anforderungskriterien

handelt es sich um Angaben zu rechtlichen und technischen Vorschriften, eine grobe Baubeschreibung, der bestenfalls die Gliederungssystematik und die örtlichen Randbedingungen des Bauvorhabens zu entnehmen sind, und eine Abgrenzung zu Leistungen, die nicht zum Ausschreibungsgegenstand gehören.

Zur Veranschaulichung möglicher Anforderungen liefert die Abbildung 37 eine Übersicht der wichtigsten Punkte.

Die Anforderungen müssen im Leistungsprogramm eindeutig dargestellt werden. Die Art der Darstellung kann in Form von freien Texten, Auflistungen oder Tabellen erfolgen. Sie ist eng an die Gliederung des Leistungsprogramms geknüpft. Liegt eine Differenzierung vom Gesamtgebäude bis zum einzelnen Raum vor, lassen sich in einer Tabelle die Anforderungen wie folgt systematisieren:

Anforderungen an das gesamte Gebäude:
— Zweigeschossige Bauweise
— Massivbauweise
— Mindestvorgabe Niedrigenergiehausstandard gemäß
  aktuellen Verordnungen

Anforderungen an einzelne Gebäudeteile:
— Wintergartenausführung mit Überkopfverglasung
— Natürliche Lüftung
— Sommerliche Höchsttemperatur im Raum: 29° Celsius

Anforderungen an einzelne Räume:
— Arbeitszimmer zum Garten orientiert
— Treppenhaus natürlich belichtet
— Bad mit separater Toilette

Diese systematische Aufstellung führt schnell zu einem in einzelnen Bereichen sehr differenzierten Leistungsprogramm. Die Formulierung der einzelnen Anforderungen kann bis zu einem Messwert konkretisiert werden. Gestalterische Anforderungen sind hingegen nur bedingt exakt zu beschreiben. Ist die Anforderung, dass alle Hotelzimmer Sicht auf das Meer gewährleisten müssen, noch eindeutig, so sind Beschreibungen wie „gemütliche Atmosphäre" oder „Loungecharakter" sehr stark von individuellen Vorstellungen und Erfahrungen geprägt und wenig zweckdienlich, wenn sie nicht weiter konkretisiert werden.

VORGEHEN BEI EINER DETAILLIERTEN LEISTUNGSBESCHREIBUNG

Ziele Mit Hilfe der detaillierten Leistungsbeschreibung wird das wirtschaftlichste Angebot für eine geforderte Leistung ermittelt. Auf Grundlage der abgeschlossenen Ausführungsplanung muss dem Anbieter der Lösungsweg detailliert und lückenlos beschrieben werden. Um dieses Ziel zu erreichen, steht dem Planer eine erprobte Systematik zur Verfügung.

Aufbau Das Leistungsverzeichnis ist eine allgemeine Gliederungssystematik, die es erlaubt, einzelne Leistungen über Leistungspositionen strukturiert zu erfassen. Hierzu werden die Einzelleistungen als Positionen mit Mengenangaben tabellarisch nach Los, Gewerk und Titel sortiert. Die Gliederung des Leistungsverzeichnisses entspricht praktisch einer Unterteilung der Baumaßnahme in räumliche Abschnitte und fachliche Teilbereiche. > Abb. 38

Eine räumliche Unterteilung ist aus der Vorgehensweise bei einer funktionalen Leistungsbeschreibung bekannt. Die Unterteilung in Gewerke bildet eine weitere Möglichkeit zur Systematisierung der Leistungen.

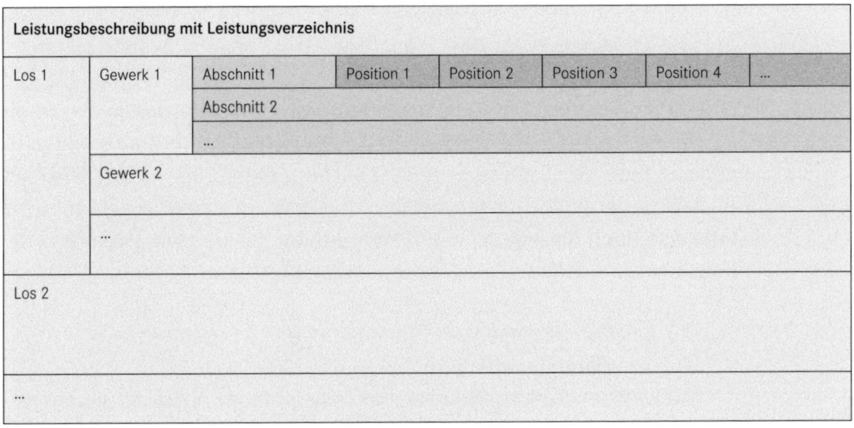

Leistungsbeschreibung mit Leistungsverzeichnis							
Los 1	Gewerk 1	Abschnitt 1	Position 1	Position 2	Position 3	Position 4	...
		Abschnitt 2					
		...					
	Gewerk 2						
	...						
Los 2							
...							

Abb. 38: Gliederungssystematik eines Leistungsverzeichnisses

Das Prinzip des Leistungsverzeichnisses zielt auf die unmittelbare Abfrage von Preisen zu den kleinsten dargestellten Beschreibungselementen, den Positionen, ab. Vom Bieter sind die in den Positionen in Art, Quantität und Qualität genau beschriebenen Leistungen im Rahmen der Angebotsbearbeitung mit Einheitspreisen zu versehen.

Die Gesamtpreise für eine Position werden aus dem Produkt der geplanten Mengen und dem jeweiligen Einheitspreis ermittelt. Die Summe aller Gesamtpreise bildet die Netto-Angebotssumme. Bei der Abrechnung der Leistungen nach deren Ausführung werden die angegebenen Einheitspreise, nicht aber die geplanten Mengen angesetzt. Die Abrechnung eines solchen Einheitspreisvertrags erfolgt in der Regel über die tatsächlich erbrachten Mengen.

Zur Erstellung einer Leistungsbeschreibung mit Leistungsverzeichnis bedarf es einer systematischen Transformation der Informationen aus

Leistungsverzeichnis und Einheitspreisvertrag

○

Aufstellen eines Leistungsverzeichnisses

○ **Hinweis:** Einheitspreise sind Preise, die sich auf eine Einheit beziehen, wie z. B. 10 EUR/m².

den Planzeichnungen, die naturgemäß in einer bauteilorientierten Gliederung vorliegen, in einzelne nach Gewerken sortierte Teilleistungen.

Zur eindeutigen Erfassung von einzelnen Teilleistungen sind zunächst Überlegungen zum Herstellungsablauf und zur Konstruktionsweise anzustellen. Fachlich gleichartige Teilleistungen können über dieses Vorgehen näher spezifiziert und einem Gewerk zugeordnet werden. Die Identifizierung der Teilleistungen, die Zuordnung zu einzelnen Gewerken sowie teilweise auch die eigentliche Beschreibung der Leistung kann aus der Beantwortung folgender einfacher Fragen abgeleitet werden:

- Zu welchen Bauteilen sind Teilleistungen zu beschreiben?
  Decke; Wand; Fundament; …
- Zu welchen Konstruktionen sind Teilleistungen zu beschreiben?
  Mauerwerk; Stahlbeton; …
- Zu welchen Vorgängen sind Teilleistungen zu beschreiben?
  Erdarbeiten; Stahlbetonarbeiten; …
- Welche Zusammenhänge bestehen zwischen Bauablauf und Gewerk?
  Baugrube = Erdarbeiten; Gründung = Stahlbetonarbeiten
- Welche Teilleistungen ergeben sich je Gewerk und Bauteil?
  Stahlbetondecke = Schalung, Bewehrung, Beton; …

In einem weiteren Schritt werden die näheren Eigenschaften der einzelnen Teilleistungen bestimmt. Hierzu empfiehlt es sich, eine Zusammenstellung der betreffenden Normen, Richtlinien und Vorschriften vorzunehmen, um bei der detaillierten Beschreibung jeder einzelnen Teilleistung auf eine fundierte fachliche Quelle für Angaben zu Baustoffen, Bauteilen und der Ausführung der Leistung zurückgreifen zu können.

■ Auf dieser Grundlage kann das Leistungsverzeichnis schrittweise für alle Teilleistungen aufgebaut werden.

○ **Hinweis:** Informationen zur fachlichen Ausführung von Bauleistungen finden sich in den Gewerkenormen. Ferner enthalten diese Normen Angaben zur Abgrenzung der Leistung, zu den verwendeten Baustoffen und Bauteilen, den zugrunde zu legenden Einheiten, den zugehörigen Nebenleistungen und der Abrechnung sowie zum Aufstellen des Leistungsverzeichnisses (siehe Anhang).

■ **Tipp:** Ein nützliches Instrument zur Vorbereitung der Leistungsbeschreibung mit Leistungsverzeichnis stellt das Ausstattungsraumbuch dar. Es enthält die Anzahl der Räume und ihre genaue Beschreibung sowie Angaben zu Flächen. Auf diese Weise können bestimmte Leistungen schnell und systematisiert in Qualität und Quantität für die weitere Beschreibung im Leistungsverzeichnis erfasst werden.

Los

Das Los bildet eine abgeschlossene Vergabeeinheit, die an ein Unternehmen vergeben wird. Lose sind als eigenständige Teilbauvorhaben zu verstehen, die gleichermaßen auf Grundlage von räumlichen (Teillos) oder fachlichen Kriterien (Fachlos, Gewerk) bestimmt werden können.

Eine räumliche Unterteilung in Lose findet im Regelfall nur bei gro- Teillos ßen Bauvorhaben statt und sieht beispielsweise die Aufteilung einer Straßenbaumaßnahme in mehrere Abschnitte bzw. Straßenbaulose vor.

Will der Bauherr eventuell nur einen Teil der Baumaßnahme beauftragen und die weiteren Arbeiten anderen Unternehmen zukommen lassen, muss er entsprechende Lose bilden.

Orientiert sich der Bauherr bei der Vergabe an der Gliederung der Fachlos Gewerke, spricht man von Fachlos. > Kap. Aufbau einer Ausschreibung Ein Gewerk kann nach Erfordernis in mehrere Fachlose aufgeteilt werden. Beispielsweise kann ein Schlosser für die Herstellung von Geländern und ein anderer für die Fassadenarbeiten beauftragt werden.

O

Titel und Untertitel

Titel nehmen eine weitere Differenzierung der Baumaßnahme unter- Titel halb der Ebene des Gesamtbauvorhabens oder der des Loses vor. Ein Titel beschreibt einen Gebäudeteil oder ein bestimmtes Gewerk innerhalb eines Loses oder eines Gesamtbauvorhabens. Er kann aber auch eine Teilleistung innerhalb eines Gewerkes abbilden, ohne dabei eine in sich abgeschlossene Einheit mit einem eigenständigen Angebotspreis zu repräsentieren. Die gegenüber dem Los andersartige Zielstellung, welche mit der Bildung von Titeln verfolgt wird, bezweckt vielmehr eine Zusammenfassung einzelner Leistungspositionen zu Sinneinheiten. Die Bündelung fachlich bzw. räumlich zusammengehöriger Einzelleistungen (Positionen) liefert durch die Einordnung der Position in den Gesamtkontext eine geeignete Grundlage für die Preisermittlung.

O **Hinweis:** Genau wie eine eigenständige Baumaßnahme können auch Lose in räumlicher und fachlicher Hinsicht weiter in Gebäudeteile bzw. einzelne Gewerke differenziert werden. Es ist aber auch möglich, Lose auf der Ebene von einzelnen Gewerken oder einzelnen Titeln zu definieren, welche dann als vollständiges Leistungspaket vergeben werden.

Das Leistungsverzeichnis „Schlosserarbeiten" kann z. B. die Titel „Treppen und Geländer", „Türen und Zargen" und „Zaunanlage" enthalten, um die Arbeit in Sinnabschnitte zu unterteilen. Eine Differenzierung in Untertitel wäre beispielsweise „Treppen und Geländer im Außenbereich" und „Treppen und Geländer im Innenbereich". Die Einteilung kann sich auch an einzelnen Bauteilen orientieren. Das Leistungsverzeichnis „Rohbauarbeiten" kann in die Titel „Fundamente", „Bodenplatte", „Außenmauerwerk", „Innenmauerwerk", „Decken" usw. gegliedert werden. Noch stärker auf den Ort der Ausführung bezogen sind Unterteilungen wie „Fliesen Küche" und „Fliesen WC", die wiederum in „Bodenfliesen" und „Wandfliesen" unterteilt werden können.

Die Anzahl der Gliederungsebenen obliegt dem Planer. Er sollte nur so weit differenzieren, wie es die Komplexität der Bauaufgabe erfordert. Die Gliederung in Titel und Untertitel sollte immer den Zweck verfolgen, sinnvolle Einheiten zu bilden, um – neben einem besseren Verständnis durch leichtere Zuordnung der einzelnen Leistungspositionen – beim Angebotsvergleich nicht nur einzelne Positionen oder den Gesamtpreis gegenüberzustellen. Darüber hinaus erhält der Planer einen Vergleich der Angebote auf der Ebene der Titel. Für das oben angeführte Beispiel Schlosserarbeiten kann sich beim Vergleich der einzelnen Titel herausstellen, dass ein Schlosser Treppen und Türen am günstigsten anbietet, aber bei der Zaunanlage weit über dem Durchschnitt liegt.

■ Untertitel Über Untertitel können einzelne Titel weiter unterteilt werden. So lassen sich z. B. innerhalb eines Bauvorhabens die Leistungen für den Stahlbetonbau in einem Titel und die darin enthaltenen Schalarbeiten sowie Bewehrungsarbeiten in Untertiteln zusammenfassen.

Auf welcher Ebene eine Differenzierung zwischen Titeln und Untertiteln bzw. weiteren Gliederungsebenen (ggf. Haupttitel) vorgenommen wird und in welcher Reihenfolge räumliche und fachliche Unterteilungen verwendet werden, ist von der Größe und Komplexität des einzelnen Bauvorhabens und der Art des zugrunde gelegten Vertrages abhängig. Welche Differenzierungsmöglichkeiten es bereits auf der Grundlage einer fachlichen Zuordnung der Einzelleistungen gibt, zeigt die Abbildung 39.

> ■ **Tipp:** Eine Titelzusammenstellung erleichtert die Wertung der Angebote für einzelne Abschnitte oder Gewerke. Hierzu wird die Summe der Preise aus den Positionen eines Titels zusammengefasst und in einem Verzeichnis der einzelnen Titel aufgelistet.

- Erdarbeiten	- Putz- und Stuckarbeiten
- Bohrarbeiten	- Vorgehängte hinterlüftete Fassaden
- Verbauarbeiten	- Fliesen- und Plattenarbeiten
- Ramm-, Rüttel-, Pressarbeiten	- Estricharbeiten
- Wasserhaltungsarbeiten	- Gussasphaltarbeiten
- Entwässerungskanalarbeiten	- Tischlerarbeiten
- Drainarbeiten	- Parkettarbeiten
- Spritzbetonarbeiten	- Beschlagarbeiten
- Verkehrswegebauarbeiten	- Rollladenarbeiten
- Landschaftsbauarbeiten	- Metallbauarbeiten
- Düsenstrahlarbeiten	- Verglasungsarbeiten
- Kabelleitungstiefbauarbeiten	- Maler- und Lackierarbeiten – Beschichtungen
- Gleisbauarbeiten	- Korrosionsschutzarbeiten an Stahlbauten
- Mauerarbeiten	- Bodenbelagarbeiten
- Betonarbeiten	- Tapezierarbeiten
- Naturwerksteinarbeiten	- Holzpflasterarbeiten
- Betonwerksteinarbeiten	- Raumlufttechnische Anlagen
- Zimmer- und Holzbauarbeiten	- Heizanlagen und zentrale Wassererwärmungsanlagen
- Stahlbauarbeiten	- Gas-, Wasser- und Entwässerungsanlagen
- Abdichtungsarbeiten	- Nieder- und Mittelspannungsanlagen
- Dachdeckungs- und Dachabdichtungsarbeiten	- Blitzschutzanlagen
- Klempnerarbeiten	- Förderanlagen, Aufzugsanlagen, Fahrtreppen
- Trockenbauarbeiten	- Gebäudeautomation
- Wärmedämm-Verbundsysteme	- Gerüstarbeiten
- Betonerhaltungsarbeiten	- Abbruch- und Rückbauarbeiten

Abb. 39: Liste unterschiedlicher Gewerke

Leistungsposition

Eine Leistungsverzeichnis-Position (LV-Position) bildet die kleinste Einheit eines Leistungsverzeichnisses und repräsentiert eine Teilleistung bzw. Bauarbeit. Sie setzt sich aus einzelnen Beschreibungselementen zusammen, welche die auszuführende Arbeit und die zu erbringende Leistung eindeutig und unmissverständlich definieren. Die Beschreibungselemente können frei formuliert oder aus Standardkatalogen zusammengesetzt sein.

Dabei lassen sich auch mehrere Tätigkeiten in einer LV-Position zusammenfassen, solange diese in ihrer technischen Beschaffenheit und im Hinblick auf die Preisbildung als gleichartig anzusehen sind.

Vor diesem Hintergrund empfiehlt es sich, die Leistungen in der systematisierten Form eines Leistungsverzeichnisses zu beschreiben. Die charakterisierenden Bestandteile einer Leistungsposition werden in diesem Rahmen über die nachfolgenden Kategorien beschrieben:

Bestandteile einer Leistungsposition

OZ	Text	PA	Menge	ME	EP	GP
01.02.02.0001	... Randschalung Deckenplatte ...		50	m		

Abb. 40: Bestandteile einer Leistungsposition

- OZ: Ordnungszahl
- Text: Beschreibungstext (Kurztext und Langtext)
- PA: Positionsart
- Menge: Die aus den Plänen ermittelte Menge gemäß ME
- ME: Mengeneinheit
- EP: Einheitspreis (Preis für eine Einheit)
- GP: Gesamtpreis je Position (Einheitspreis × geplante Menge)

Diese Kategorien werden auf jede Leistungsposition angewandt, so-dass für die gesamte Baumaßnahme ein nach Losen, Gewerken und Titeln bzw. Untertiteln geordnetes Verzeichnis entsteht. Der Einheits- und der Gesamtpreis sind vom Bieter einzutragen. > Abb. 40

Folgende Angaben sollten in den einzelnen Kategorien zu einer Leis-tungsposition gemacht werden:

Ordnungszahl   Die Ordnungszahl dient der leichteren Orientierung innerhalb eines Leistungsverzeichnisses. Jede technische und im Hinblick auf die Preis-bildung gleichartige Leistung (Teilleistung) erhält nach einem bestimm-ten Gliederungsschlüssel eine eindeutige Ordnungszahl zur Identifizie-rung. Die Ordnungszahl ergibt sich unmittelbar aus der zugrunde gelegten Gliederung der Baumaßnahme und bildet diese entsprechend im Leis-tungsverzeichnis ab.

Eine Teilleistung kann in einer wenig differenzierten Baumaßnahme wie folgt über die Ordnungszahl identifiziert werden.

Los	Gewerk	Titel	Position	Index
01	01	01	0001	a

Index   Der Index kann benutzt werden, um die Beziehung zwischen einer Grund- und einer Alternativposition in der Ordnungszahl darzustellen. Auf allen Ebenen wird eine fortlaufende Nummerierung der Ord-nungszahlen verwendet. > Abb. 41

Leistungs-beschreibungstext   Der Leistungsbeschreibungstext ist in einer Lang- und einer Kurz-form durch den ausschreibenden Planer zu verfassen.

Kurztext   Der Kurztext wird im Wesentlichen als kurze textliche Bezeichnung der Leistung für die weitere Verwendung in der Angebotsbearbeitung und bei der Rechnungsstellung verwendet. Durch die Kurzform sollte es nicht

01.02.01.0001	Tätigkeit 1 des Titels 1 im Gewerk 2 des Loses 1
01.02.01.0002	Tätigkeit 2 des Titels 1 im Gewerk 2 des Loses 1
01.02.01.0003	Tätigkeit 3 des Titels 1 im Gewerk 2 des Loses 1
01.02.02.0001	Tätigkeit 1 des **Titels 2** im Gewerk 2 des Loses 1
01.02.02.0002	Tätigkeit 2 des **Titels 2** im Gewerk 2 des Loses 1
01.02.02.0003	Tätigkeit 3 des **Titels 2** im Gewerk 2 des Loses 1
01.02.02.0004	Tätigkeit 4 des **Titels 2** im Gewerk 2 des Loses 1
01.03.01.0001	Tätigkeit 1 des Titels 1 im **Gewerk 3** des Loses 1
01.03.01.0002	Tätigkeit 2 des Titels 1 im **Gewerk 3** des Loses 1
01.03.01.0003	Tätigkeit 3 des Titels 1 im **Gewerk 3** des Loses 1
01.03.02.0001	Tätigkeit 1 des **Titels 2** im Gewerk 3 des Loses 1
01.03.02.0002	Tätigkeit 2 des **Titels 2** im Gewerk 3 des Loses 1
01.03.02.0003	Tätigkeit 3 des **Titels 2** im Gewerk 3 des Loses 1

Abb. 41: Beispiel für die Verwendung von Ordnungszahlen

zu Verwechslungen einzelner Positionen kommen können, jede Position sollte eindeutig gekennzeichnet sein: „Mauerwerk 36,5 cm, Keller", „Mauerwerk 36,5 cm, Erdgeschoss", „Mauerwerk 17,5 cm, Erdgeschoss" usw.

Der Langtext soll die Leistung dagegen eindeutig und erschöpfend beschreiben, so dass alle Bewerber sie im gleichen Sinne verstehen. **Langtext**

Die Texte können unter Berücksichtigung rechtlicher und technischer Vorschriften prinzipiell frei erstellt werden. Zur Vereinfachung stehen dem ausschreibenden Planer aber auch standardisierte Hilfsmittel in Form von allgemein zugänglichen Musterleistungstexten zur Verfügung. **Freie oder standardisierte Texte**

Bei derartigen standardisierten Musterleistungskatalogen handelt es sich um Sammlungen von Texten, die zur Beschreibung von Leistungen oder Teilleistungen eingesetzt werden können. Diese enthalten, einer vordefinierten Gliederungsvorschrift entsprechend, verschiedene Angaben zu Bauarbeiten, Baustoffen, Abmessungen und Mengeneinheiten für verschiedene Leistungen. **Standardtexte**

Der große Vorteil von standardisierten Leistungstexten ist, dass diese von allen Bietern gleich verstanden werden und damit kein unnötiger Aufwand oder zusätzliche Risiken bei der Preisermittlung entstehen. Ferner erleichtern die meist modulare Systematik der Standardtextsammlungen und der hierarchische Textaufbau aufgrund der guten IT-Kompatibilität den Austausch der Daten zwischen Aufsteller und Empfänger des Leistungsverzeichnisses. Lediglich die Prüfung der Inhalte auf ihre Richtigkeit verbleibt beim Planer.

Die Vollständigkeit der Beschreibung kann aufgrund der vorgegebenen Systematik über Standardtexte weitestgehend sichergestellt werden. Es ist jedoch zu beachten, dass nicht für alle Sonderlösungen entsprechende Mustertexte verfügbar sind.

Insbesondere die Hersteller von Bauprodukten bieten in der Regel entsprechende Mustertexte an, die einfach in das Leistungsverzeichnis übernommen werden können. Der Planer sollte aber berücksichtigen, dass die Hersteller dies nicht als selbstlose Dienstleistung verstehen, sondern durch die Hilfe bei der Erstellung eines Leistungsverzeichnisses versuchen, ihr Produkt zur Referenz zu machen. Dieses Bestreben führt auch dazu, mögliche Konkurrenzprodukte durch Alleinstellungsmerkmale vom Wettbewerb auszuschließen. So kann den Leistungsbeschreibungen Information beigefügt sein, die produktionsbedingte Informationen beispielsweise zur Schichtdicke oder Legierung eines Produktes enthalten, die für den Hersteller einzigartig sind, aber für die Gebrauchstauglichkeit und Haltbarkeit des Produktes irrelevant sind. Die Hürde, die einer anbietenden Firma gebaut wird, eine möglicherweise kostengünstigere Alternative zu suchen, wird dadurch häufig unnötig hoch gesetzt.

Dem Planer ist in jedem Fall zur Vorsicht zu raten, wenn er Produktbeschreibungen des Herstellers übernimmt. Er sollte bei Formulierungen, deren Sinn er nicht kennt, Rücksprache mit dem Hersteller oder neutraleren Institutionen nehmen.

Freie Texte Bei der freien Formulierung der Texte ist eine hohe Sachkenntnis der zu beschreibenden Leistungen erforderlich. Sie wird auch dafür benötigt, wichtige Angaben von unwichtigen zu unterscheiden. Um die für die eigenen Anforderungen relevanten Informationen zu erhalten, sollten verschiedene Hersteller, die entsprechenden Verbände oder weitere

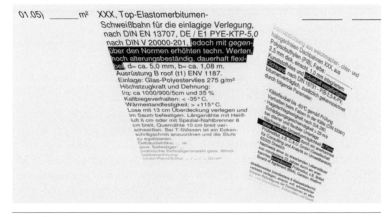

Fig.42: Überfrachtete Herstellerbeschreibung

kompetente Partner befragt werden. Die Vorgaben aus den Normen und Richtlinien müssen vom Planer verantwortlich verwendet werden. Gleiches gilt für die Prüfung auf Vollständigkeit. Um dieses sicherzustellen, sollte die Beschreibung folgende Informationen enthalten:

— Bezeichnung der Leistung
— Beschreibung der Art der Leistung
— Räumlicher Bezug der Leistung (Angaben zum Bauteil,
 aber auch zur Lage im Gebäude, wenn dies nicht über
 die Ordnungszahl zu erkennen ist)
— Qualitätsangaben (Material, Oberflächen usw.)
— Angaben zu Abmessungen, die nicht die Bezugseinheit betreffen ○

Das nachfolgende Schema systematisiert die textliche Leistungs- Systematik beschreibung und kann in dieser Form auf jede beliebige Teilleistung verwandt werden. Ähnliche Muster sind den modulartigen Standardtexten zugrunde gelegt.

○ **Hinweis:** Die Leistungsbeschreibung kann sich an einem Referenzobjekt orientieren, ohne Alternativen auszuschließen (z. B. „Türdrücker Edelstahl 1076 Fabrikat FSB oder gleichwertig"). Um die Gleichwertigkeit zu prüfen, sollten bei einem Alternativangebot in der Ausschreibung Datenblätter oder Muster angefordert werden.

- Bauverfahren/Bauart (Herstellung durch Zusammenfügen von Baustoffen und Bauteilen)
- Bauteil (raum- oder systembildendes Teil des Bauwerks)
- Baustoffe (erforderliche bzw. gewünschte Baustoffe)
- Maß 1 (Bauteilmaße, wie die Dicke einer Wand)
- Maß 2 (allgemeine Maße, wie die Einbauhöhe, in der eine Leistung zu erbringen ist)

Ergänzende Angaben

Es könnten aber auch weitere Angaben zum Zweck der Leistung oder Hinweise für die Abrechnung oder zur Ausführungstechnik im Leistungstext platziert werden. So wird bei einem Bauwerk aus Stahlbeton über die Forderung, Fertigteilelemente zu verwenden, das Bauverfahren direkt beeinflusst. Gleichermaßen können juristische Belange Bestandteil eines Leistungsbeschreibungstexts werden, wenn z. B. auszubauendes Material nach erbrachter Leistung in den Besitz des Unternehmers überführt werden soll.

Verweise

Ein übliches Vorgehen bei der Beschreibung einer Leistung mit Texten bildet die Verwendung von Verweisen auf andere Unterlagen, etwa auf statische Berechnungen, Pläne, Muster oder Gutachten. Ein Leistungsbeschreibungstext könnte beispielsweise die Formulierung „Bewehrung gemäß Bewehrungsplan" enthalten.

Vor allem bei räumlich komplexen Situationen oder komplexen Bauteilen hilft der Verweis auf eine Zeichnung. Wird etwa die Konstruktion einer Treppe mit Geländer in einer Position beschrieben, hilft eine Zeichnung, die textlich erfassten Einzelelemente zuzuordnen und die Art, wie sie gefügt sind, eindeutig zu verstehen. Dadurch kann die anbietende

● **Beispiel:**

Bauverfahren: Mauerwerk gemäß xxx-Norm
Bauteil: der Innenwand im Abschnitt EG XX/YY
Baustoff: mit Kalksandsteinen gemäß yyy-Norm
Bauteilmaß: mit einer Dicke von 17,5 cm
Allg. Maß: bis in eine Höhe von 3,00 m herstellen

Zur weiteren Erklärung dieser Teilleistung kann die oben genannte Beschreibung durch Qualitätsangaben in Bezug auf das Bauteil (z. B. Ausführung beidseitig als Sichtmauerwerk) oder den Baustoff (z. B. salzwasserresistente Ausführung), um Angaben zum Zweck (z. B. zum Raumabschluss) oder zum Bauverfahren (z. B. Ausführung mit vorgefertigten Wandelementen) ergänzt werden.

Firma die Vollständigkeit der beschriebenen Leistung prüfen, und die Einschätzung der erforderlichen Montagezeiten ist einfacher vorzunehmen.

Der Verweis auf ein Gutachten ist beispielsweise bei besonderen Schallschutzanforderungen sinnvoll. In diesem Fall müssen nicht immer die entsprechend geltenden Anforderungen des Gutachtens in den einzelnen Positionen beschrieben werden, sondern ein entsprechender Hinweis definiert die Anforderungen: „An das fertiggestellte Bauteil werden erhöhte Anforderungen gemäß beigefügten Schallschutzgutachten gestellt. Diese Anforderungen sind unbedingt einzuhalten und beim Angebotspreis zu berücksichtigen." Auf diese Weise vermeidet der Planer eine mögliche Fehlerquelle beim Übertragen der einzelnen Anforderungen ins Leistungsverzeichnis.

In einem Leistungsverzeichnis können unterschiedliche Arten von Leistungspositionen verwendet werden. Die jeweilige Art einer Position wird entsprechend in der Spalte „Positionsart (PA)" vom ausschreibenden Planer angegeben. Positionsart (PA)

Die Differenzierung zwischen verschiedenen Positionsarten ermöglicht es dem ausschreibenden Planer, optionale und alternative Leistungen am Markt abzufragen. So sind beispielsweise oft zum Zeitpunkt der Ausschreibung noch nicht alle Entscheidungen endgültig getroffen (z. B. die Wahl des Bodenbelages), oder das Erfordernis einzelner Leistungen ist noch nicht geklärt ist (z. B. der Einbau einer Drainage). Spätere Änderungen können dann über Eventual- und Alternativpositionen berücksichtigt werden. Werden diese Leistungen erst nach Vertragsschluss angeordnet, sind die im Leistungsverzeichnis vom Bieter angegebenen Preise verbindlich.

○ **Hinweis:** Treten identische Beschreibungen in verschiedenen Positionen auf, gibt es zwei Möglichkeiten, unnötige Wiederholungen zu vermeiden. Der Planer kann die Leistung in einer Position vollständig beschreiben, um dann in den folgenden Positionen darauf zu verweisen (z. B. Gipskartonständerwand, Ausführung gemäß voriger Position, jedoch doppelt beplankt). Gelten identische Beschreibungen für eine Vielzahl von Positionen, kann er diese auch in den Vorbemerkungen zusammenfassen und typisieren (z. B. Ausführung Gipskartonständerwand gemäß Vorbemerkung Typ A). Vorbemerkungen beziehen sich immer auf bestimmte Leistungen und werden ausschließlich im Zusammenhang mit Leistungsbeschreibungen mit Leistungsverzeichnis (LV) verwendet. Sie sind grundsätzlich gleichrangig mit LV-Texten und sollten daher inhaltlich mit diesen abgeglichen werden. Eine Konkurrenz zu den allgemeinen bzw. speziellen Vertragsbedingungen besteht nicht.

OZ	Text	PA	Menge	ME	EP	GP
01.02.02.0001	... Textiler Fußbodenbelag ...	GP	30	m²		
01.02.02.0001a	... Parkett ...	AP	30	m²		

Abb. 43: Beispiel Alternativposition

Ausführungs- oder Normalposition

Die Ausführungs- oder Normalposition kommt immer zur Ausführung und wird im Leistungsverzeichnis entsprechend vom Bieter mit einem Einheitspreis und einem Gesamtpreis versehen.

Eventual- oder Bedarfsposition

○

Über Eventual- oder Bedarfspositionen kann der ausschreibende Planer eine Leistung am Markt abfragen, die er gegebenenfalls zusätzlich ausführen lassen will.

Da nicht sicher ist, ob die Leistung zur Ausführung kommt, wird sie nicht mit einem Gesamtpreis im Leistungsverzeichnis und damit auch nicht im Angebotsendpreis berücksichtigt. Wird die Eventualposition nach Vertragsschluss durch Anordnung des Bauherrn beauftragt, ist diese gemäß dem vom Bieter eingetragenen Einheitspreis abzurechen. Ohne Beauftragung fallen die Eventualpositionen ohne Anspruch auf Vergütung

■

weg.

Grund- und Alternativposition

Bei Grundpositionen handelt es sich um Positionen, die zur Ausführung festgelegt sind. Zu diesen können Alternativpositionen abgefragt werden. Eine Grundposition gilt daher als Bestandteil der zu erbringenden Leistung und ist entsprechend mit einem Einheits- und einem Gesamtpreis zu versehen.

○ **Hinweis:** Bedarfs- oder Eventualpositionen sollten ausschließlich für untergeordnete Leistungen verwendet werden, die nicht unmittelbar für den Gesamterfolg der Bauausführung erforderlich sind. Eine sinnvolle Verwendung von Eventualpositionen wäre gegeben, wenn bestimmte Positionen aufgrund fehlender Informationen zu den anstehenden Baugrundverhältnissen vor Baubeginn noch nicht feststehen.

■ **Tipp:** Bei der Angebotsprüfung werden die Eventualpositionen häufig nicht ausreichend geprüft, da sie nicht in die Angebotssumme eingehen. So kann es zur Vereinbarung von überhöhten Einheitspreisen kommen, die bei Anordnung der Eventualposition zur Ausführung zugrunde gelegt werden müssen.

OZ	Text	PA	Menge	ME	EP	GP
01.02.02.0001	... Aushub BK 3–5 ...		1000	m²		
01.02.02.0001a	... Aushub BK 6 ...	ZP	200	m²		

Abb. 44: Beispieltext für eine Zulageposition

Alternativpositionen können an die Stelle einer Grundposition treten, wenn die beschriebene Leistung alternativ ausgeführt werden soll. Genau wie die Eventualposition ist auch die Alternativposition entsprechend zu kennzeichnen und vom Bieter nur mit einem Einheitspreis zu berücksichtigen. > Abb. 43 Sie kann der Planer z. B. zur wirtschaftlichen Optimierung einer Leistung verwenden. Ohne ausdrückliche Anordnung des Bauherrn wird immer die Grundposition ausgeführt.

Eine weitere Positionsart ist die Zulageposition. Sie beschreibt Erschwernisse oder zusätzlichen Aufwand gegenüber einer Normalposition. Diese Positionen werden mit Einheitspreis und Gesamtpreis vom Bieter in das Leistungsverzeichnis eingetragen. Die korrespondierende Normalposition enthält gewissermaßen eine Grundausführung der Leistung, und die Zulageposition beschreibt einen gehobenen Standard oder eine besondere Einbausituation. Der in einer Zulage abgefragte Preis ergibt sich entsprechend aus der Differenz zwischen dem Preis für den hohen Standard und der Grundausführung.

An einem Beispiel soll verdeutlicht werden, welche Möglichkeiten sich aus der Verwendung einer Zulageposition ergeben. In der Abbil-

○ Zulageposition

○ **Hinweis:** Durch eine Alternativposition besteht die Möglichkeit, dass Unternehmen einen eigenen Lösungsvorschlag für die Umsetzung der Grundposition anbieten (z. B. „Erstellung Mauerwerk gemäß voriger Position, jedoch Ausführung nach Wahl des Bieters"). Eine Ausführungsbeschreibung ist beizufügen.

● **Beispiel:** Das in Abbildung 44 aufgeführte Beispiel verdeutlicht das Prinzip einer Zulageposition. Die in der Position 01.02.02.0001 enthaltene Leistung umfasst den Aushub von 1000 m² Boden der Klasse 3–5. In der zugehörigen Zulageposition wird ein Preis für die Erschwernis „Aushub Bodenklasse 6" für 200 m² abgefragt. Der Preis enthält folglich nur den Anteil (Mehrpreis) für die Erschwernis und stellt keinen allein stehenden Preis für den Aushub des Bodens der Klasse 6 dar. Daher sind auch die Flächen (200 m²) bereits in der Normalposition enthalten.

A.

B.

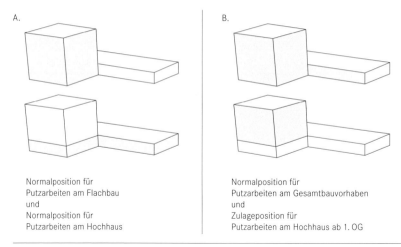

Normalposition für
Putzarbeiten am Flachbau
und
Normalposition für
Putzarbeiten am Hochhaus

Normalposition für
Putzarbeiten am Gesamtbauvorhaben
und
Zulageposition für
Putzarbeiten am Hochhaus ab 1. OG

Abb. 45: Beispiel Zulageposition

dung 45 sind zwei Varianten zur Beschreibung derselben Leistungen für das Anbringen des Außenputzes dargestellt.

In der ersten Variante wird der Putz in zwei Normalpositionen getrennt für das hohe und das flache Gebäude ausgeschrieben. In der anderen erfolgt die Leistungsbeschreibung über eine Normalposition für das gesamte Bauvorhaben und eine Erschwerniszulage für die höher gelegenen Bereiche, für die gegebenenfalls zusätzliche Gerüste kalkuliert werden müssen. Die zweite Variante hat gegenüber der ersten Variante den Vorteil, dass das Erdgeschoss des Hochhauses in jedem Fall nicht mit einem höheren Preis infolge zusätzlicher Gerüstkosten ange-
■ boten wird.

■ **Tipp:** Zulagepositionen betreffen oftmals nur geringe Veränderungen gegenüber der korrespondierenden Normalposition. In diesem Fällen kann der Beschreibungstext auf die wesentlichen Änderungen reduziert werden, eine Wiederholung unveränderter Textelemente ist nicht erforderlich. Als Formulierung reicht „Zulage zu Pos. xxx für eine doppelte Beplankung".

○ **Hinweis:** Vorgaben zu der Verwendung von Mengeneinheiten finden sich in den allgemeinen und speziellen Anforderungen. Beispielsweise werden Wandflächen bei Putzarbeiten über das Flächenmaß (m^2) und Laibungen über das Längenmaß (m) abgerechnet.

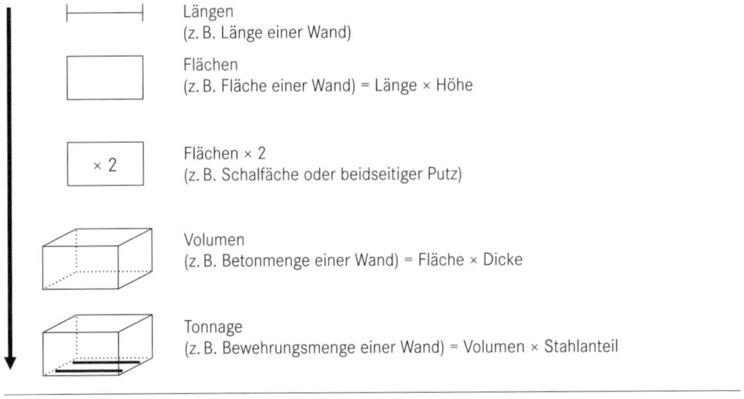

	Längen (z. B. Länge einer Wand)
	Flächen (z. B. Fläche einer Wand) = Länge × Höhe
× 2	Flächen × 2 (z. B. Schalfäche oder beidseitiger Putz)
	Volumen (z. B. Betonmenge einer Wand) = Fläche × Dicke
	Tonnage (z. B. Bewehrungsmenge einer Wand) = Volumen × Stahlanteil

Abb. 46: Vorgehensweise bei der Mengenermittlung

Mengen lassen sich in unterschiedlichen Einheiten erfassen. Die Mengeneinheit (ME) sollte jedoch immer eine sinnvolle Beziehung zu der jeweiligen Teilleistung aufweisen. So ist es möglich, eine Bewehrung in Kubikmeter (m^3) abzurechnen, was aufgrund der Form der Bewehrungseisen und der marktüblichen Abrechnung in Tonnen für die Preisermittlung allerdings von Nachteil ist. Sinnvolle Einheiten sind Tonnen oder gegebenenfalls Quadratmeter (m^2) bei Mattenstahl und Meter bei Stabstahl. ○

Die für eine Leistungsposition festgelegte Mengeneinheit ist maßgebend für die Mengenermittlung und bildet die Bezugsgröße für die von den Bietern einzusetzenden Preise je Teilleistung.

Bei der Mengenangabe handelt es sich um die quantitative Angabe, in deren Umfang eine Leistung zu erbringen ist. Die Menge wird dazu als Vordersatz angegeben, welcher die gemäß Planung erwartete Ausführungsmenge repräsentiert. Sie werden direkt aus den Ausführungsplänen abgelesen bzw. bei Sanierungsmaßnahmen auch über ein Aufmaß vor Ort ermittelt und vom ausschreibenden Planer in das Leistungsverzeichnis eingetragen. Grundsätzlich ist es ratsam, die Menge für eine Leistungsposition innerhalb eines Bezugsbereichs (Gesamtbaumaßnahme, Gebäudeteil, Etage usw.) zu erfassen und die betreffenden Bauteile zur Vermeidung von Redundanzen entsprechend farbig in den Plänen zu kennzeichnen. Die Mengen können auch mit Hilfe entsprechender Bausoftware (z. B. CAD) ermittelt werden. Der Grad der automatischen Mengenerfassung reicht von einfacher Flächenermittlung bis hin zur kompletten bauteilorientierten Erfassung der Mengen mit Hilfe eines 3D-Modells.

Menge und Mengeneinheit (ME)

Eine gewissenhafte Mengenermittlung erleichtert auch die spätere Abrechnung der Bauleistungen.

Der Einheitspreis (EP) wird vom Bieter auf Grundlage der Beschreibung der Teilleistung für eine Mengeneinheit kalkuliert und in das Leistungsverzeichnis eingetragen. Der Einheitspreis ist im Regelfall fest und bildet die Grundlage für die spätere Abrechnung der Leistung. Änderungen des EP ergeben sich nur bei großen Mengenabweichungen oder inhaltlichen Abweichungen bei der beschriebenen Leistung.

Der Gesamtpreis ergibt sich zunächst aus dem Produkt aus Einheitspreis und Vordersatz (geplante Menge). Er ist vom Bieter zur Angebotsabgabe für alle Ausführungs-, Grund und Zulagepositionen zu ermitteln und an entsprechender Stelle im Leistungsverzeichnis einzutragen. Die Summe aller Gesamtpreise eines Bauvorhabens bildet die Nettoangebotsendsumme. Durch Zuschlag für die gesetzlich vorgeschriebene Mehrwertsteuer ergibt sich die Bruttoangebotsendsumme, mit der sich der Bieter um den Auftrag für die in den Teilleistungen beschriebenen Bauleistungen bewirbt. Alternativ- und Eventualpositionen werden nicht mit Gesamtpreisen berücksichtigt, da zum Zeitpunkt der Angebotsabgabe noch nicht klar ist, ob diese Leistungen zur Ausführung kommen.

Zur Abrechnung der Teilleistung werden die Gesamtpreise der einzelnen Positionen anhand der tatsächlich ausgeführten Mengen ermittelt.

Schlusswort

Ausschreiben gehört meistens nicht zu dem Tätigkeitsbereich, dem ein Planer entgegenfiebert. Dies ist leicht nachvollziehbar, da der Reiz eines schönen Entwurfes, einer prächtigen Perspektive und selbst eines sorgfältig geplanten Details ungleich größer scheint. Allein aufgrund des hohen Textanteils wirkt die Ausschreibung dagegen oft weit weniger schillernd.

Wer sich aber die Mühe macht, seine Vorstellungen des Entwurfs sorgfältig auszuschreiben, gewinnt dadurch ein sehr fundiertes Verständnis für die eigene Planung und die notwendigen Abläufe zur Realisierung.

Erst die Ausschreibung sichert, dass sich ein hoher Planungsstandard auch in hervorragender Ausführung widerspiegelt.

Entsprechend soll dieser Band dazu ermutigen, die eigenen Ausschreibungen verständlich zu formulieren und sinnvoll zu gliedern. Wenn die ausführenden Firmen die Ausschreibungen verstehen, hat der Planer das Bestmögliche getan.

Anhang

LITERATUR

Christoph M. Achammer, Herbert Stocher: *Bauen in Österreich,* Birkhäuser Verlag, Basel 2005

Patrick von Amsberg, Thomas Ax, Matthias Schneider: *(Bau)Leistungen VOB-gerecht beschreiben,* Vieweg Verlag, Wiesbaden 2003

Fritz Berner, Bernd Kochendörfer, Rainer Schach: *Grundlagen der Baubetriebslehre 1,* Teubner Verlag, Stuttgart Leipzig Wiesbaden 2007

Bert Bielefeld, Thomas Feuerabend: *Baukosten- und Terminplanung,* Birkhäuser Verlag, Basel 2007

Bert Bielefeld, Lars-Philip Rusch: *Bauen in China,* Birkhäuser Verlag, Basel 2006

Bert Bielefeld, Falk Würfele: *Bauen in der EU,* Birkhäuser Verlag, Basel 2005

Udo Blecken, Bert Bielefeld: *Bauen in Deutschland,* Birkhäuser Verlag, Basel 2004

Wolfgang Brüssel: *Baubetrieb von A bis Z,* Werner Verlag, Neuwied 2007

Andreas Campi, Christian von Büren: *Bauen in der Schweiz,* Birkhäuser Verlag, Basel 2005

Manfred Hoffmann, Thomas Krause, Joachim Martin, Willy Kuhlmann, Jürgen Pick, Ulrich Olk, Manfred Hoffmann, Karl-Helmut Schlösser: *Zahlentafeln für den Baubetrieb,* Teubner Verlag, Stuttgart Leipzig Wiesbaden 2006

Jack Mantscheff, Dominik Boisseree: *Baubetriebslehre I,* Werner Verlag, München 2004

Wolfgang Rösel, Antonius Busch: *AVA-Handbuch – Ausschreibung – Vergabe – Abrechnung,* Vieweg Verlag, Wiesbaden 2004

RICHTLINIEN UND NORMEN (AUSWAHL)

Deutschland

VOB/A (DIN 1960)	VOB Vergabe- und Vertragsordnung für Bauleistungen – Teil A: Allgemeine Bestimmungen für die Vergabe von Bauleistungen
VOB/B (DIN1961)	VOB Vergabe- und Vertragsordnung für Bauleistungen – Teil B: Allgemeine Vertragsbedingungen für die Ausführung von Bauleistungen
VOB/C (DIN 18299ff.)	VOB Vergabe- und Vertragsordnung für Bauleistungen – Teil C: Allgemeine Technische Vertragsbedingungen für Bauleistungen (ATV) – DIN 18299: Allgemeine Regelungen für Bauarbeiten jeder Art; DIN 18300ff: „Gewerkespezifische Regelungen"
VOF	Verdingungsordnung für freiberufliche Leistungen
VOL	Verdingungsordnung für Leistungen

Österreich

ÖNORM A 2050	Vergabe von Aufträgen über Leistungen – Ausschreibung, Angebot, Zuschlag – Verfahrensnorm
ÖNORM A 2060	Allgemeine Vertragsbestimmungen für Leistungen
ÖNORM B 2062	Aufbau von standardisierten Leistungsbeschreibungen unter Berücksichtigung automationsunterstützter Verfahren – Verfahrensnorm
ÖNORM B 2063	Ausschreibung, Angebot und Zuschlag unter Berücksichtigung automationsunterstützter Verfahren – Verfahrensnorm
ÖNORM B 2110	Allgemeine Vertragsbestimmungen für Bauleistungen
ÖNORM B 2202ff.	„Gewerkenormen" – Verfahrensnorm

Schweiz

SIA 118	Allgemeine Bedingungen für Bauarbeiten
SIA 118/...	„Gewerkespezifische Bedingungen"
NVB	Normenspezifische Vertragsbedingungen

WEITERE INFORMATIONSQUELLEN

Deutschland

DIN	Deutsches Institut für Normung
	(http://www.din.de)
GEAB	Gemeinsamer Ausschuss Elektronik im Bauwesen
	(http://www.gaeb.de)
STLB-Bau	Standardleistungsbuch für das Bauwesen
	(http://www.gaeb.de; http://www.din.de)

Österreich

ON	Österreichisches Normungsinstitut
	(http://www.on-norm.at)

Schweiz

SNV	Schweizerische Normungs-Vereinigung
	(http://www.snv.ch)
SIA	Schweizerischer Ingenieur- und Architektenverein
	(http://www.sia.ch)

International

ISO	Internationale Organisation für Normung
	(http://www.iso.org)
CEN	Europäisches Komitee für Normung
	(http://www.cen.eu)

Neben den oben aufgeführten Angaben gibt es eine Vielzahl von nationalen und internationalen Verbänden bzw. Institutionen, die Merkblätter, Muster für zusätzliche technische Vertragsbedingungen (ZTV) und Mustertexte für Ausschreibungen bestimmter Teilleistungen zur Verfügung stellen. Gewerkeübergreifende Beispiele für Ausschreibungstexte finden sich auf den folgenden Internetseiten.

Internetseiten

http://www.ausschreiben.de
http://www.sirados.de
http://www.bdb.at

BILDNACHWEIS

Abbildung 6 links: aboutpixel.de
Abbildung 6 Mitte rechts: PixelQuelle.de
Abbildung 7: PixelQuelle.de
Abbildung 8: PixelQuelle.de
Abbildung 10 Mitte links: aboutpixel.de
Abbildung 10 rechts: aboutpixel.de
Alle anderen Abbildungen: die Autoren

DIE AUTOREN

Tim Brandt, Dipl. Ing., ist Bauingenieur in Dortmund mit Schwerpunkt
    im Vertrags- und Nachtragsmanagement sowie in der Bau- und
    Projektleitung.
Sebastian Th. Franssen, Dipl. Ing. Architekt, Inhaber eines Architektur-
    büros in Dortmund mit Schwerpunkt in der Projektleitung von
    privaten und öffentlichen Bauvorhaben.

Basics Glasbau
Andreas Achilles,
Diane Navratil
ISBN 978-3-7643-8850-8

Als Kompendium erschienen:
Basics Baukonstruktion
Bert Bielefeld (Hrsg.)
ISBN 978-3-0356-0371-2

Berufspraxis
Basics Kostenplanung
Bert Bielefeld,
Roland Schneider
ISBN 978-3-03821-530-1

Basics Projektplanung
Hartmut Klein
ISBN 978-3-7643-8468-5

Basics Bauleitung
Lars-Phillip Rusch
ISBN 978-3-03821-519-6

Basics Terminplanung
Bert Bielefeld
ISBN 978-3-7643-8872-0

Als Kompendium erschienen:
Basics Projekt Management
Architektur
Bert Bielefeld (Hrsg.)
ISBN 978-3-03821-461-8

Städtebau
Basics Stadtbausteine
Th. Bürklin, M. Peterek
ISBN 978-3-0356-1002-4

Bauphysik und Haustechnik
Basics Raumkonditionierung
Oliver Klein, Jörg Schlenger
ISBN 978-3-7643-8663-4

Basics Wasserkreislauf im Gebäude
Doris Haas-Arndt
ISBN 978-3-0356-0565-5

Landschaftsarchitektur
Basics Entwurfselement Pflanze
Regine Ellen Wöhrle,
Hans-Jörg Wöhrle
ISBN 978-3-7643-8657-3

Basics Entwurfselement Wasser
Axel Lohrer, Cornelia Bott
ISBN 978-3-7643-8660-3

Erhältlich im Buchhandel oder unter
www.birkhauser.com

Reihenherausgeber: Bert Bielefeld
Konzept: Bert Bielefeld, Annette Gref
Layout und Covergestaltung: Andreas Hidber
Satzherstellung und Produktion: Amelie Solbrig

Library of Congress Cataloging-in-Publication data
A CIP catalog record for this book has been applied for at the Library of Congress.

Bibliografische Information der Deutschen Nationalbibliothek
Die Deutsche Nationalbibliothek verzeichnet diese Publikation in der Deutschen Nationalbibliografie; detaillierte bibliografische Daten sind im Internet über http://dnb.dnb.de abrufbar.

Dieses Buch ist auch in englischer Sprache (ISBN 978-3-7643-8110-3) erschienen.

© 2014 Birkhäuser Verlag GmbH, Basel
Postfach 44, 4009 Basel, Schweiz
Ein Unternehmen der Walter de Gruyter GmbH, Berlin/Boston

Gedruckt auf säurefreiem Papier, hergestellt aus chlorfrei gebleichtem Zellstoff. TCF ∞

Printed in Germany

ISBN 978-3-03821-518-9

9 8 7 6 5 4 3

www.birkhauser.com